Anna Hoffacker

Mein Körper

Differenzierte Arbeitsblätter für Deutsch-Anfänger

Verlag an der Ruhr

Impressum

Titel
DaZ Praxis
Mein Körper – differenzierte Arbeitsblätter für Deutsch-Anfänger

Autorin
Anna Hoffacker

Illustrationen
Anja Boretzki (soweit nicht anders angegeben)

Druck
Heenemann GmbH & Co. KG, Berlin, DE

Verlag an der Ruhr
Mülheim an der Ruhr
www.verlagruhr.de

Geeignet für die Klassen 1–4

Urheberrechtlicher Hinweis
Das Werk und seine Teile sind urheberrechtlich geschützt. Jede Verwendung in anderen als den gesetzlich zugelassenen Fällen oder außerhalb dieser Bedingungen bedarf der vorherigen schriftlichen Einwilligung des Verlages. Im Werk vorhandene Kopiervorlagen dürfen vervielfältigt werden, allerdings nur für Schüler*innen der eigenen Klasse/des eigenen Kurses. Die dazu notwendigen Informationen (Buchtitel, Verlag und Autorin) haben wir für Sie als Service bereits mit eingedruckt. Diese Angaben dürfen weder verändert noch entfernt werden. Die Weitergabe von Kopiervorlagen oder Kopien (auch von Ihnen veränderte) an Kolleg*innen, Eltern oder Schüler*innen anderer Klassen/Kurse ist nicht gestattet.
Der Verlag untersagt ausdrücklich das Herstellen von digitalen Kopien, das digitale Speichern und Zurverfügungstellen dieser Materialien in Netzwerken (das gilt auch für Intranets von Schulen und sonstigen Bildungseinrichtungen), per E-Mail, Internet oder sonstigen elektronischen Medien außerhalb der gesetzlichen Grenzen. Kein Verleih. Keine gewerbliche Nutzung.
Näheres zu unseren Lizenzbedingungen können Sie unter www.verlagruhr.de/lizenzbedingungen/ nachlesen.

Bitte beachten Sie zusätzlich die Informationen unter www.schulbuchkopie.de.

Soweit in diesem Produkt Personen fotografisch abgebildet sind und ihnen von der Redaktion fiktive Namen, Berufe, Dialoge u. Ä. zugeordnet oder diese Personen in bestimmte Kontexte gesetzt werden, dienen diese Zuordnungen und Darstellungen ausschließlich der Veranschaulichung und dem besseren Verständnis des Inhalts.

© 2016, Verlag an der Ruhr, Wilhelmstr. 20, 45468 Mülheim an der Ruhr
Nachdruck 2024
ISBN 978-3-8346-3114-5

PEFC zertifiziert
Dieses Produkt stammt aus nachhaltig bewirtschafteten Wäldern und kontrollierten Quellen.
www.pefc.de

Inhaltsverzeichnis

Vorwort

Internationale Förderklassen, Willkommensklassen, Seiteneinsteigerklassen, Eingliederungsklassen – egal wie wir sie nennen, die Kinder in diesen Klassen haben eines gemeinsam: Sie kommen in unsere Schulen, im Gepäck eine Menge Sorgen, Ängste und Erwartungen. Die Arbeit mit ihnen erfordert von uns Lehrern* viel Einfühlungsvermögen, Kraft und fachdidaktisches Wissen. Aber am allermeisten Freude am Umgang mit Kindern, die erst noch den Weg in unsere komplizierte Sprache finden müssen. Schafft man es, sie auf diesem Weg erfolgreich zu unterstützen, bekommt man eine Menge Dankbarkeit und Freude von den Kindern zurück, sieht, wie sie ihren weiteren Weg mit grundlegenden Kenntnissen des Deutschen weiter bestreiten. Genau das ist es, was mich immer wieder antreibt, meine Begeisterung für diese Arbeit mit anderen Lehrern, Pädagogen und Studierenden zu teilen.

Auf der Suche nach passendem Material für die tägliche Arbeit mit größeren Internationalen Förderklassen (Ifö-Klassen) bin ich auf tolle Sprachspiele, Freiarbeitsmaterialien, Bildkarten, Wortmaterial und vieles mehr gestoßen, jedoch fehlte mir immer ein einfaches grundlegendes Material zur Wortschatz-Erarbeitung und -Einübung, das nicht nur für den Einsatz in kleinen Fördergruppen geeignet ist. Aus diesem Mangel heraus bin ich dazu übergegangen, eigenes Material zu erstellen, das fortan die Grundlage meines Unterrichtes in den Ifö-Klassen bildete. Ein Ergebnis dieser Arbeit sind die nun vorliegenden Themenhefte, die auch andere Lehrer dabei unterstützen sollen, mit Freude die deutsche Sprache an Kinder zu vermitteln.

Anna Hoffacker

* Der Verlag an der Ruhr legt großen Wert auf eine geschlechtergerechte und inklusive Sprache. Seit 2019 nutzen wir daher das Gendersternchen oder neutrale Formulierungen, um alle Menschen unabhängig von Geschlecht oder Geschlechtsidentität einzuschließen. In Texten für Schüler*innen finden sich aus didaktischen Gründen neutrale Begriffe bzw. Doppelformen. Titel, wie dieser, die erstmalig vor 2019 erschienen sind, enthalten noch das generische Maskulinum.

Didaktische Hinweise

Das vorliegende Themenheft dient in erster Linie der grundlegenden Erarbeitung und Einübung eines Grundwortschatzes im Bereich „Körper" im Unterricht von Kindern mit keinen bis geringen Deutschkenntnissen. Durch verschiedene Aufgaben und Übungen bauen die Kinder innerhalb des jeweiligen Themas einen Grundwortschatz auf und erlangen, bzw. festigen gleichzeitig verschiedene Kompetenzen. Es werden Formate verwendet, die neben dem Wortschatz auch schriftliches Sprachhandeln, Leseverständnis und Hörverstehen trainieren. Kleine Einheiten zur mündlichen Kommunikationsfähigkeit schaffen authentische Sprechanlässe und regen zur Interaktion der Kinder untereinander an.
Dieses Themenheft ermöglicht einen individuellen Einsatz, der den Anforderungen Ihres Unterrichts flexibler gerecht werden kann. Es beginnt mit einfachen Wortschatzübungen und baut mit der Zeit ein weiteres Sprachhandeln auf. Angeboten werden dabei auch immer wieder differenzierte Übungsformen, die auf unterschiedlichen Sprachstandniveaus von den Kindern bearbeitet werden können. Möglich wird dadurch ein Einstieg in die Themen von Kindern auf allen Stufen der Sprachentwicklung, was bei der meist hohen Schülerfluktuation in Ifö-Klassen durch Neuzugänge und Eingliederungen unerlässlich ist.
Ein zentraler Bestandteil des Heftes ist ein Wimmelbild, das zu freien Sprechanlässen und Gesprächen anregt. Zudem dient es als Grundlage für Situationen des freien Schreibens, an denen Kinder auf fast allen sprachlichen Ebenen teilhaben können. Die wiederkehrenden Aufgabenformate und die einfache Material-Strukturierung bieten den Kindern Sicherheit und ermutigen sie, die neue Sprache zu entdecken.
Sie können die Materialien in jahrgangsübergreifenden Ifö-Klassen, in Fördergruppen sowie als differenzierendes Material in Regelklassen einsetzen oder wo auch immer Sie Anwendungsmöglichkeiten finden. Vor dem Einsatz der schriftlichen Materialien bietet es sich an, mithilfe der Bildkarten die

jeweiligen Wörter im Sitzkreis einzuführen und mit den Kindern mehrfach im Chor zu wiederholen. Die Kopiervorlagen und Ideen im Heft können in chronologischer Reihenfolge eingesetzt oder für Ihre individuellen Bedürfnisse isoliert genutzt werden. Am Ende des Hefts befindet sich immer eine kleine Reflexion zum jeweiligen Thema in zweifach differenzierter Ausführung.
Am Schluss noch eine kleine Anmerkung zur Arbeit mit nicht-alphabetisierten Kindern: Wenn die anderen Kinder mit den Kopiervorlagen arbeiten, lasse ich nicht-alphabetisierte Kinder in Buchstabenlehrgängen arbeiten. Mit der Zeit ergibt es sich meist von allein, dass diese Kinder versuchen wollen, auch die einfachen Arbeitsblätter zu bearbeiten. Ich habe mit dieser Vorgehensweise bisher nur gute Erfahrungen gemacht und die Kinder können mit der Zeit immer mehr der Materialien erfolgreich nutzen.

Zur Arbeit mit den einzelnen Bestandteilen

Bild- und Wortkarten: Die Bildkarten dienen zur Einführung, Übung und Festigung der Wörter im Kreis. Passende Wortkarten in einer großen Schriftgröße für gemeinsame Lese- und Zuordnungsübungen lassen sich auch einfach am PC mit einem Textverarbeitungsprogramm selbst erstellen. Es gibt eine Vielzahl von Spielen, Liedern und anderer Methoden, die sich dazu eignen, das Wortmaterial mündlich zu üben („*Ich packe meinen Koffer*", „*Obstsalat*", Wiederholen der Wörter im Chor in verschiedenen Stimmlagen, Lautstärken etc.). Ihrer Fantasie sind an dieser Stelle keine Grenzen gesetzt.

Arbeitsblätter: Die Arbeitsblätter bieten Übungen auf verschiedenen Ebenen an. Zu Beginn übertragen die Kinder die im jeweiligen Block vorkommenden Wörter auf die zugehörigen Blanko-Vorlagen. Durch die wiederkehrenden Abschreibübungen prägen sich die Kinder die Wörter schneller ein. Die Arbeitsaufträge auf den anderen Blättern sind weitestgehend selbsterklärend. Im Inhaltsverzeichnis können Sie sehen, welche Arbeitsblätter sich differenziert einsetzen lassen. Vor der Nutzung der Kopiervorlagen zu den Wortarten sollten diese gemeinsam thematisiert werden und z. B. die Bildkarten nach Wortarten sortiert werden. Ich habe mich bewusst dafür entschieden, die Wortart „Adjektive" zunächst auszulassen. Die Erfahrung hat gezeigt, dass diese einfacher nebenbei erlernt wird und eine zu frühe Einführung die Kinder häufig überfordert.

Geschichten: Die Geschichten werden in drei verschiedenen Schwierigkeitsgraden angeboten. Zunächst wird die Geschichte in der mittleren Schwierigkeitsstufe vorgelesen. Man kann die Kinder die Bildkarten an der Tafel in die richtige Reihenfolge bringen lassen und anschließend z. B. Textkarten den Bildkarten zuordnen lassen. Passende Textkarten lassen sich leicht selbst herstellen. Im Anschluss erfolgt die Arbeit mit den Kopiervorlagen.

Reflexion: Zum Abschluss des Themas kann die jeweilige zweifach differenzierte Reflexion eingesetzt werden (der erste Teil der Reflexion ist für alle Schüler gleich, im zweiten Teil wird differenziert). Je nach Aufgabenformaten werden verschiedene Kompetenzbereiche abgeprüft. Jede Reflexion beginnt mit einer Hörverstehensübung, bei der der Lehrer entweder die einzelnen Begriffe und eine zugehörige Zahl nennt (z. B. „Nummer 3, der Kopf") oder, bei einer fitteren Lerngruppe, die Wörter in eine Geschichte einflechten kann. Die Kinder nummerieren die Bilder.

Interaktive Zusatzeinheiten: Das Heft enthält unterschiedliche kommunikative Zusatzeinheiten/ kleine Projekte, die die mündliche Interaktion unter den Schülern anregen sollen. Die Erklärungen dazu finden Sie im folgenden Abschnitt.

Erklärung zur Einheit „Verrückte Monster"

Benötigtes Material:

- Kopiervorlage „Interviewbogen Verrückte Monster" (S. 18)
- schwarzes Tonpapier
- bunte Tafelkreide
- Zucker, Wasser, Schalen

Ziel der Einheit:
Die Schüler erweitern ihre kommunikativen Kompetenzen, indem sie anhand selbst gestalteter Monsterbilder Interviews mit ihren Mitschülern führen und Ergebnisse in einem Interviewbogen festhalten.

Durchführung:
Im Kunstunterricht gestalten die Schüler mit Zuckerkreide (in Zuckerwasser eingelegte bunte Tafelkreide) auf schwarzem Tonpapier Monster. Diese Monster sollen möglichst unterschiedliche Körperteile in möglichst unterschiedlichen Anzahlen erhalten (drei Beine, vier Arme, ein Auge etc.). Im Deutschunterricht dienen die Monsterbilder nun als Grundlage für Interviews. Die Schüler befragen sich untereinander nach ihren Monstern mithilfe von vorgegebenen Satzmustern und des Arbeitsblattes „Interviewbogen Verrückte Monster":
Welche Körperteile hat das Monster? – Das Monster hat … *(drei Arme, vier Beine …)*
In der Spalte „Name" können sie den Namen des jeweiligen befragten Mitschülers eintragen. Je nach individuellen Fähigkeiten können die Schüler auch andere Sätze verwenden. Zur Beschreibung können auch Farbwörter eingesetzte werden.
Am Ende der Interviews werden die Ergebnisse wie folgt reproduziert: Alle Monsterbilder hängen an der Tafel/einer Wäscheleine. Ein Kind liest das Ergebnis eines Interviews vor. *(Das Monster hat drei Arme und vier Beine. Es hat zwei grüne Augen. Das Monster hat zwei Münder…)* Die anderen Schüler versuchen anhand dieser Beschreibung, das richtige Monsterbild zu finden.

 Schreibe.

 Klebe.

Unterstreiche.

 Höre.

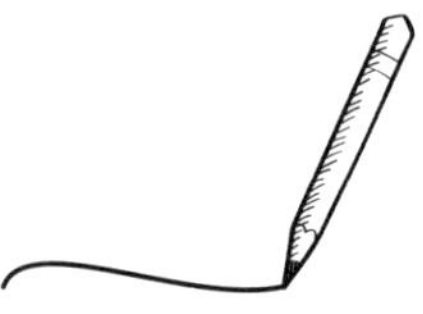 Verbinde.

 Sieh dir an.

Nummeriere.

 Lies.

 Schneide aus.

Ohr: © VIGE.co – Fotolia.com; alle anderen Abb.: © jesadaphorn – Fotolia.com
© Verlag an der Ruhr | Autorin: Anna Hoffacker | ISBN 978-3-8346-3114-5 | www.verlagruhr.de

Materialien
Reflexion
Bildkarten

Der Körper – Bild-Wortkarten

Sieh dir die Bilder und die dazugehörigen Wörter an. 

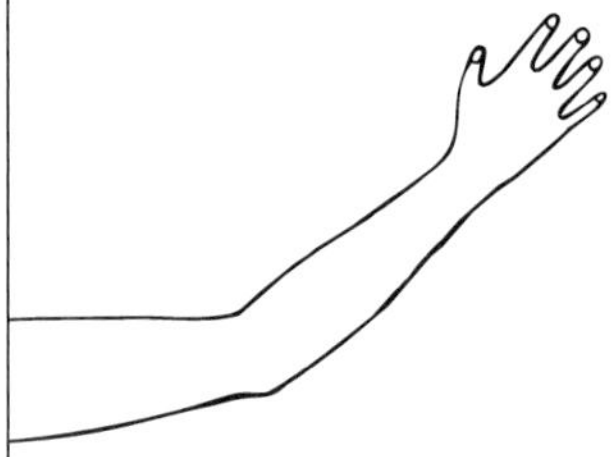 der Arm	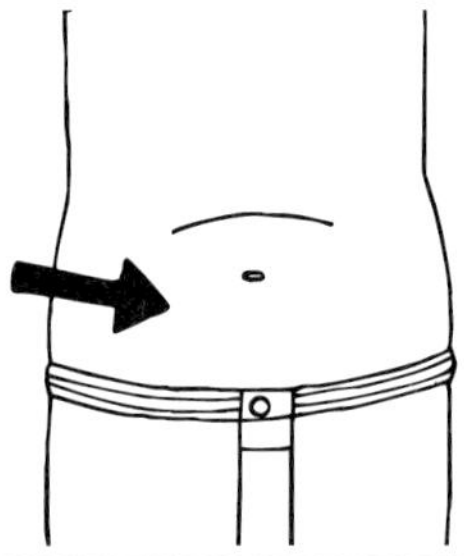 der Bauch	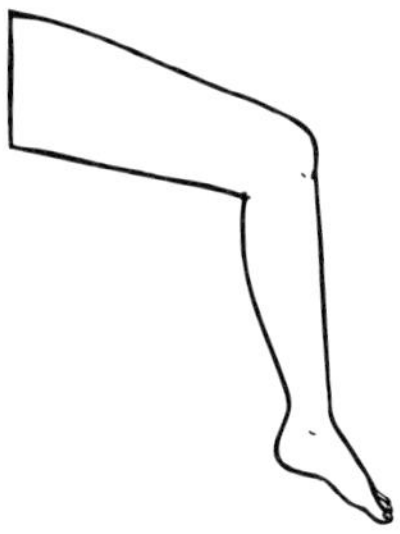 das Bein	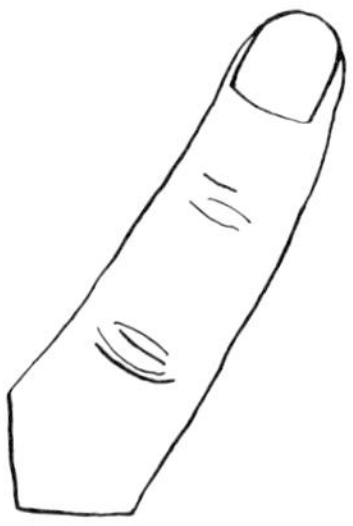 der Finger

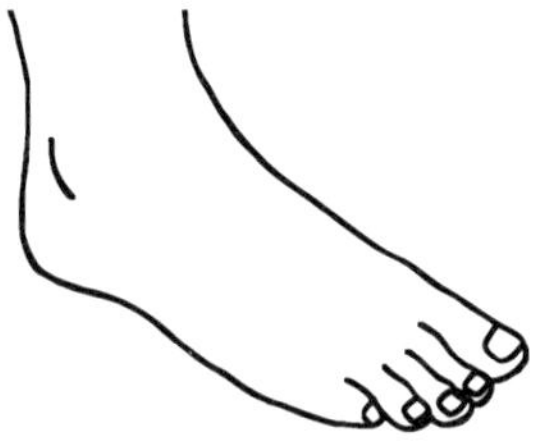 der Fuß	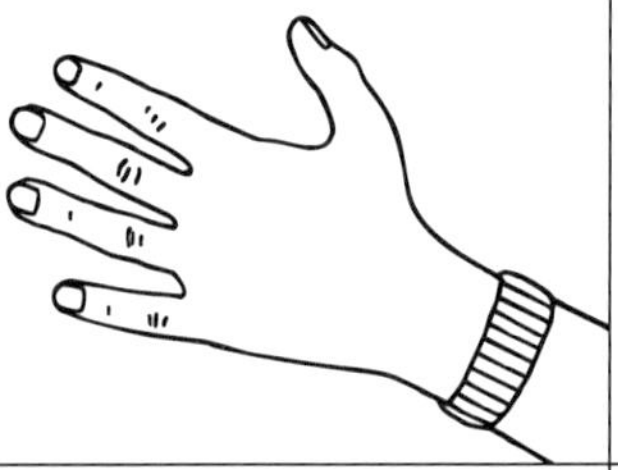 die Hand	 der Kopf	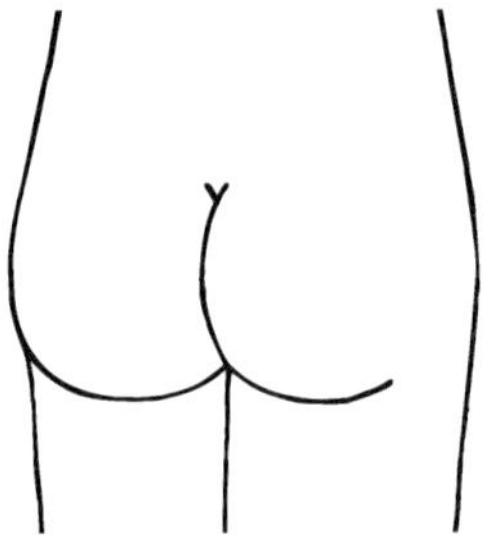 der Popo

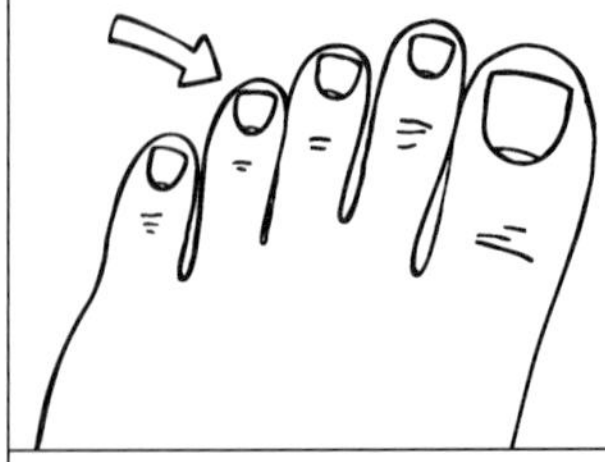 der Zeh	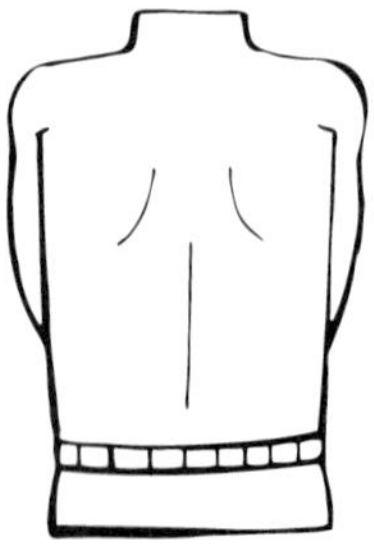 der Rücken	....	....

Aufgaben-Icon: © jesadaphorn – Fotolia.com; alle anderen Abb.: Anja Boretzki

© Verlag an der Ruhr | Autorin: Anna Hoffacker | ISBN 978-3-8346-3114-5 | www.verlagruhr.de

Der Körper – Ausfüll-Bildkarten

Schreibe die richtigen Wörter auf die Linien.

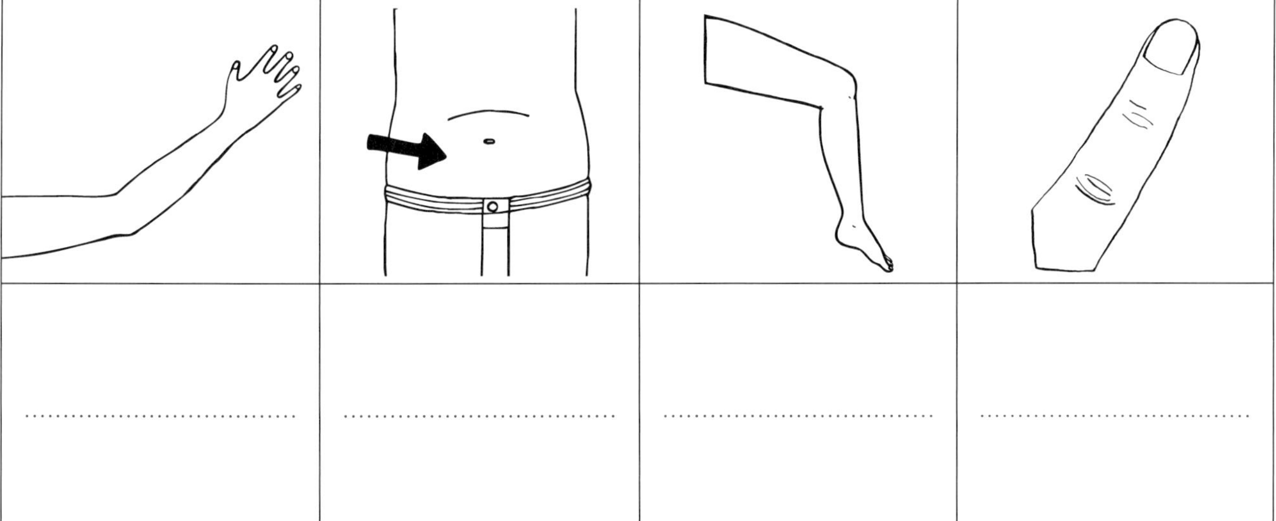

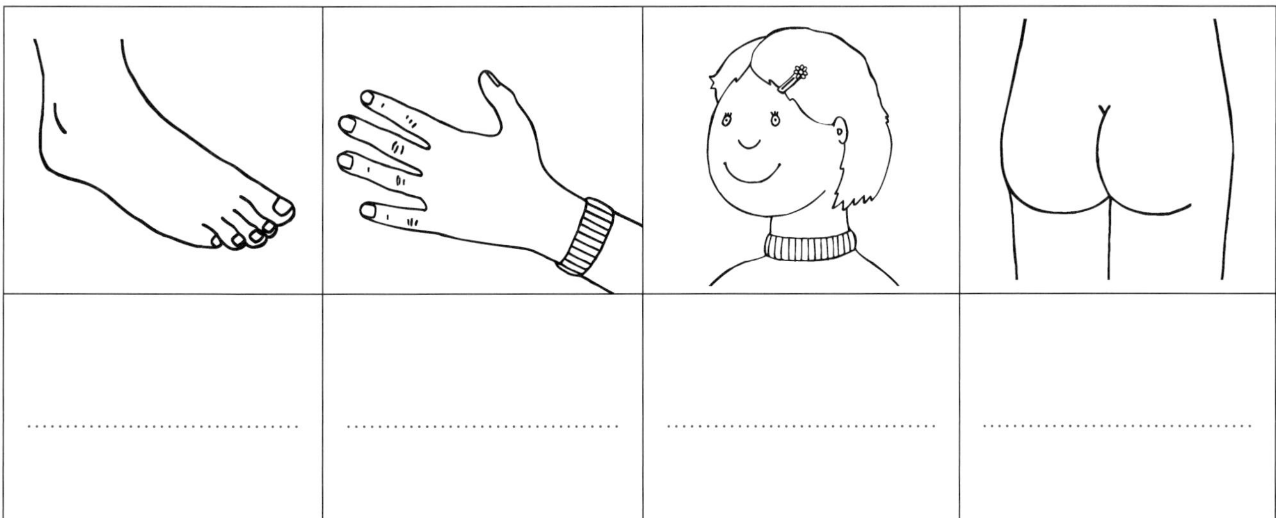

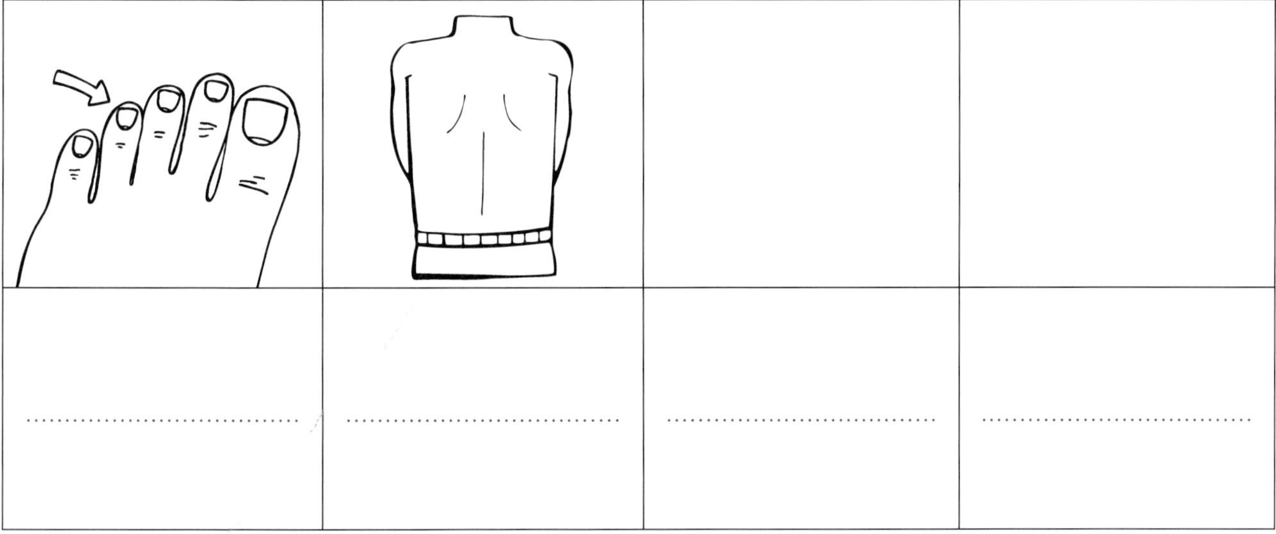

Aufgaben-Icon: © jesadaphorn – Fotolia.com; alle anderen Abb.: Anja Boretzki

© Verlag an der Ruhr | Autorin: Anna Hoffacker | ISBN 978-3-8346-3114-5 | www.verlagruhr.de

Der Körper – Verbinden

Verbinde die Bilder mit den Wörtern.

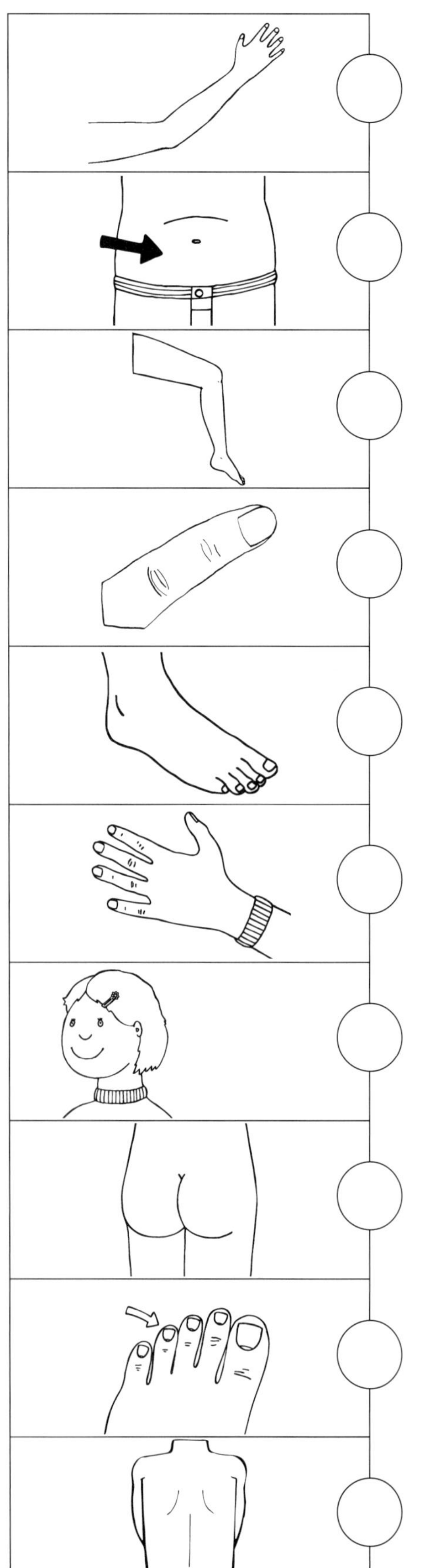

- der Fuß
- der Finger
- der Bauch
- der Arm
- das Bein
- der Kopf
- der Zeh
- der Popo
- der Rücken
- die Hand

Aufgaben-Icon: © jesadaphorn – Fotolia.com; alle anderen Abb.: Anja Boretzki
© Verlag an der Ruhr | Autorin: Anna Hoffacker | ISBN 978-3-8346-3114-5 | www.verlagruhr.de

Der Körper – Wörter schreiben

Schreibe die richtigen Wörter neben die Bilder. 

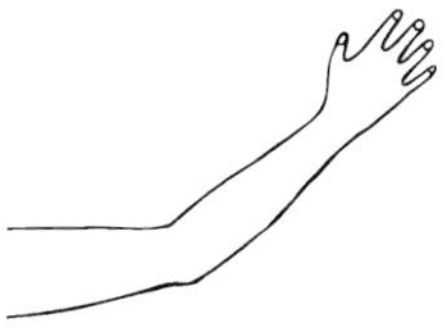

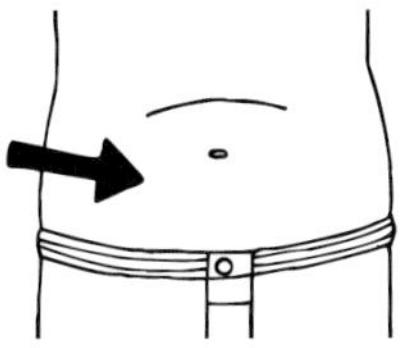

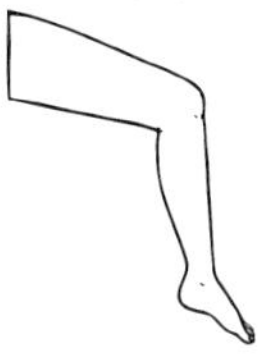

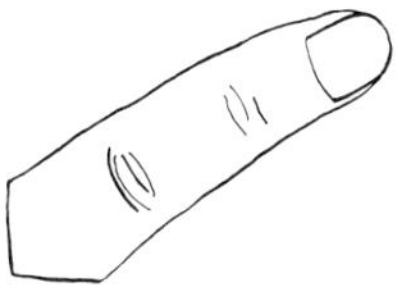

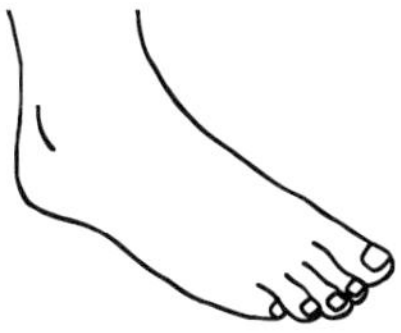

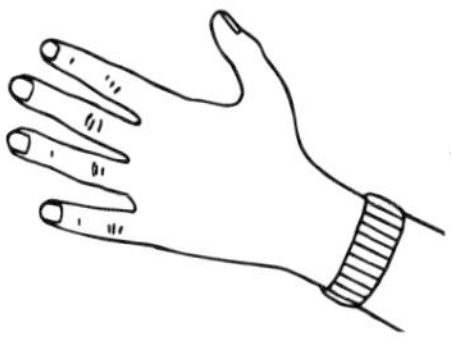

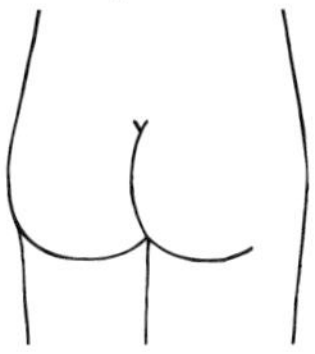

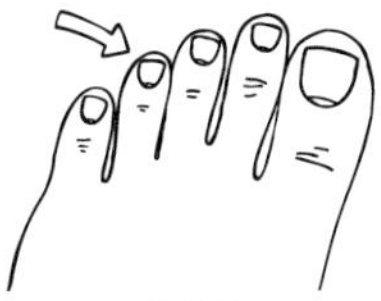

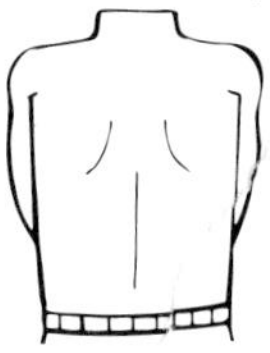

Aufgaben-Icon: © jesadaphorn – Fotolia.com; alle anderen Abb.: Anja Boretzki

© Verlag an der Ruhr | Autorin: Anna Hoffacker | ISBN 978-3-8346-3114-5 | www.verlagruhr.de

Der Körper – Sätze schreiben

Schreibe die richtigen Sätze neben die Bilder. 

Das ist der Arm.

Das ist

Aufgaben-Icon: © jesadaphorn – Fotolia.com; alle anderen Abb.: Anja Boretzki

© Verlag an der Ruhr | Autorin: Anna Hoffacker | ISBN 978-3-8346-3114-5 | www.verlagruhr.de

Der Körper – Artikel

Schneide die Bilder aus und lege sie vor die richtige Kiste. 

Abb.: Anja Boretzki

Abb.: Anja Boretzki

Abb.: Anja Boretzki

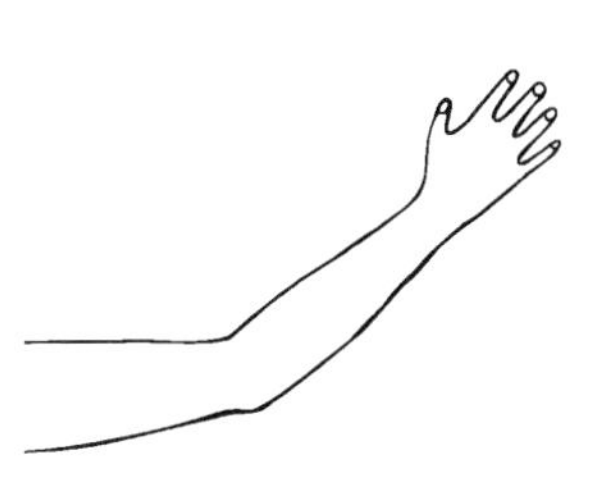

Abb.: Anja Boretzki

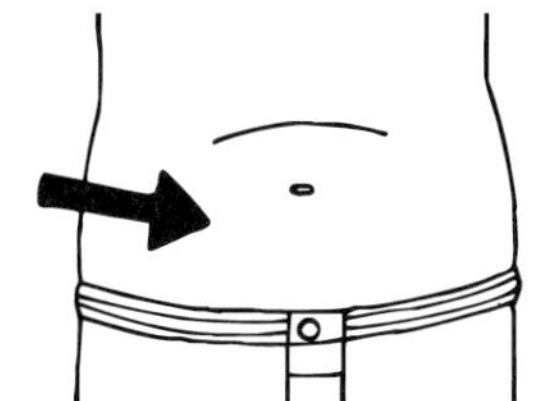

Abb.: Anja Boretzki

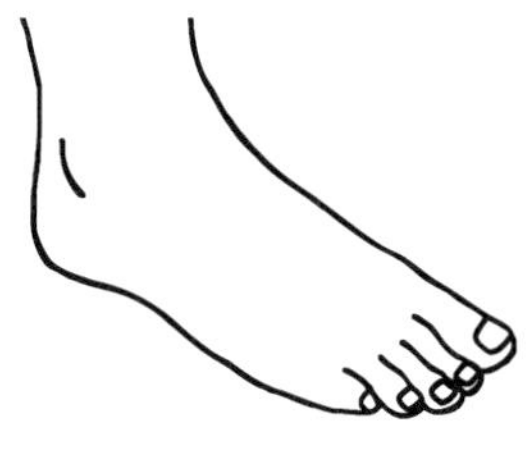

Abb.: Anja Boretzki

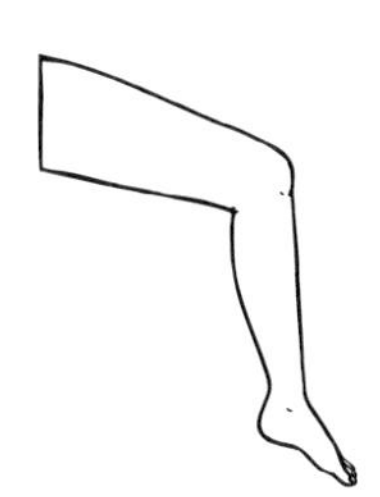

Abb.: Anja Boretzki

Abb.: Anja Boretzki

Abb.: Anja Boretzki

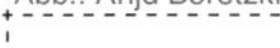

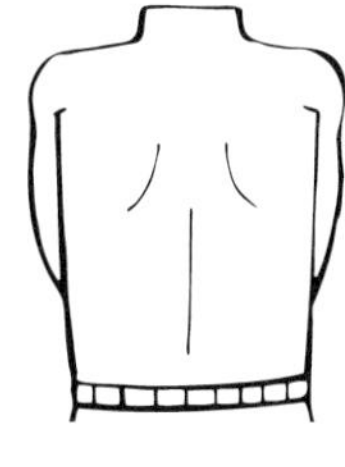

Abb.: Anja Boretzki

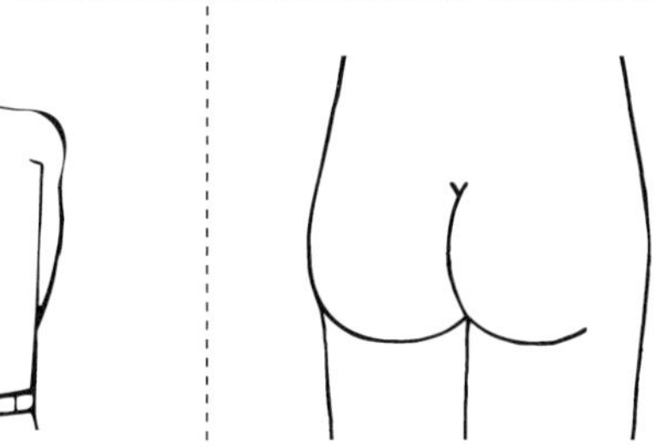

Abb.: Anja Boretzki

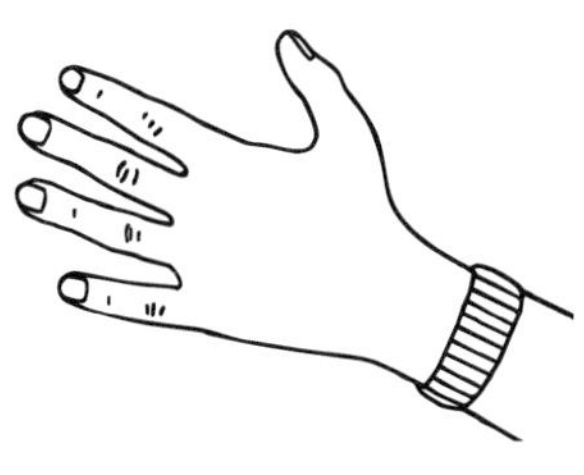

Abb.: Anja Boretzki

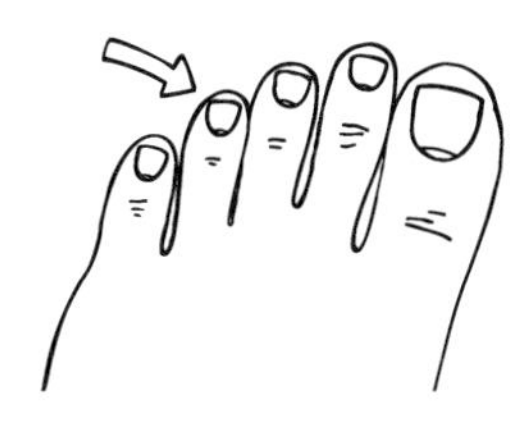

Abb.: Anja Boretzki

Der Körper – Artikel verbinden

Verbinde die Artikel mit den richtigen Bildern.

der

die

das

Aufgaben-Icon: © jesadaphorn – Fotolia.com; alle anderen Abb.: Anja Boretzki

© Verlag an der Ruhr | Autorin: Anna Hoffacker | ISBN 978-3-8346-3114-5 | www.verlagruhr.de

Der Körper – Einzahl, Mehrzahl

1. Schreibe *der, die* oder *das.*
2. Schreibe in dein Heft *(der Fuß – die Füße ...).*

.... Fuß

.... Füße

.... Finger

.... Finger

.... Hand

.... Hände

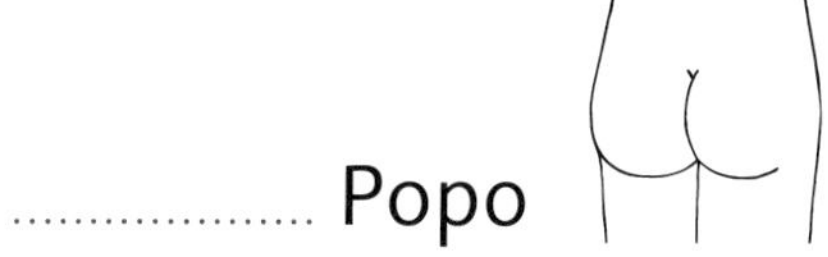

.... Popo

.... Popos

.... Kopf

.... Köpfe

.... Bauch

.... Bäuche

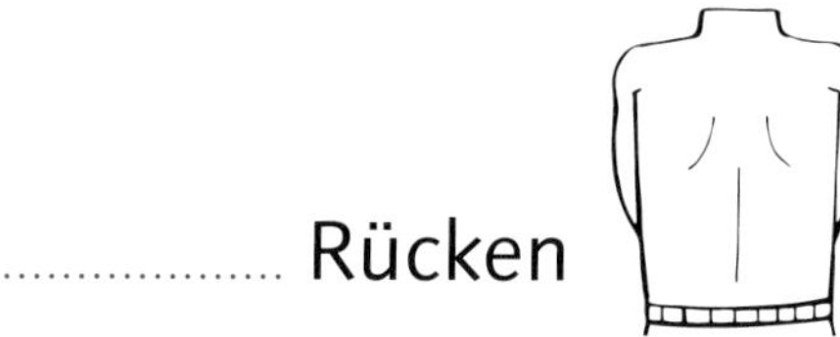

.... Rücken

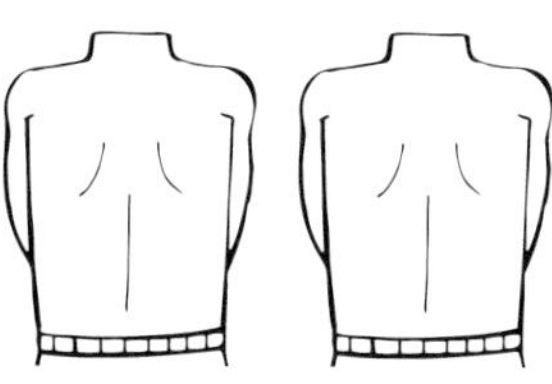

.... Rücken

....................Zeh

....................Zehen

Aufgaben-Icon: © jesadaphorn – Fotolia.com; alle anderen Abb.: Anja Boretzki

Der Körper – Artikel und Nomen

1. Schreibe die Wörter mit Begleiter *(der, die, das)* auf.
Schreibe sie auch in der Mehrzahl.
~~der Fuß~~ • das Bein • der Zeh • der Finger • die Hand • der Kopf
der Rücken • der Popo • der Bauch • der Arm

2. Schreibe noch mehr Wörter auf, die du schon kennst *(Zunge, Herz …)*.

Einzahl der/die/das	**Mehrzahl** die
der Fuß	die Füße

Aufgaben-Icons: © jesadaphorn – Fotolia.com; alle anderen Abb.: Anja Boretzki
© Verlag an der Ruhr | Autorin: Anna Hoffacker | ISBN 978-3-8346-3114-5 | www.verlagruhr.de

Der Körper – Wimmelbild

Was siehst du? Schreibe in dein Heft. ***(Ich sehe …)***

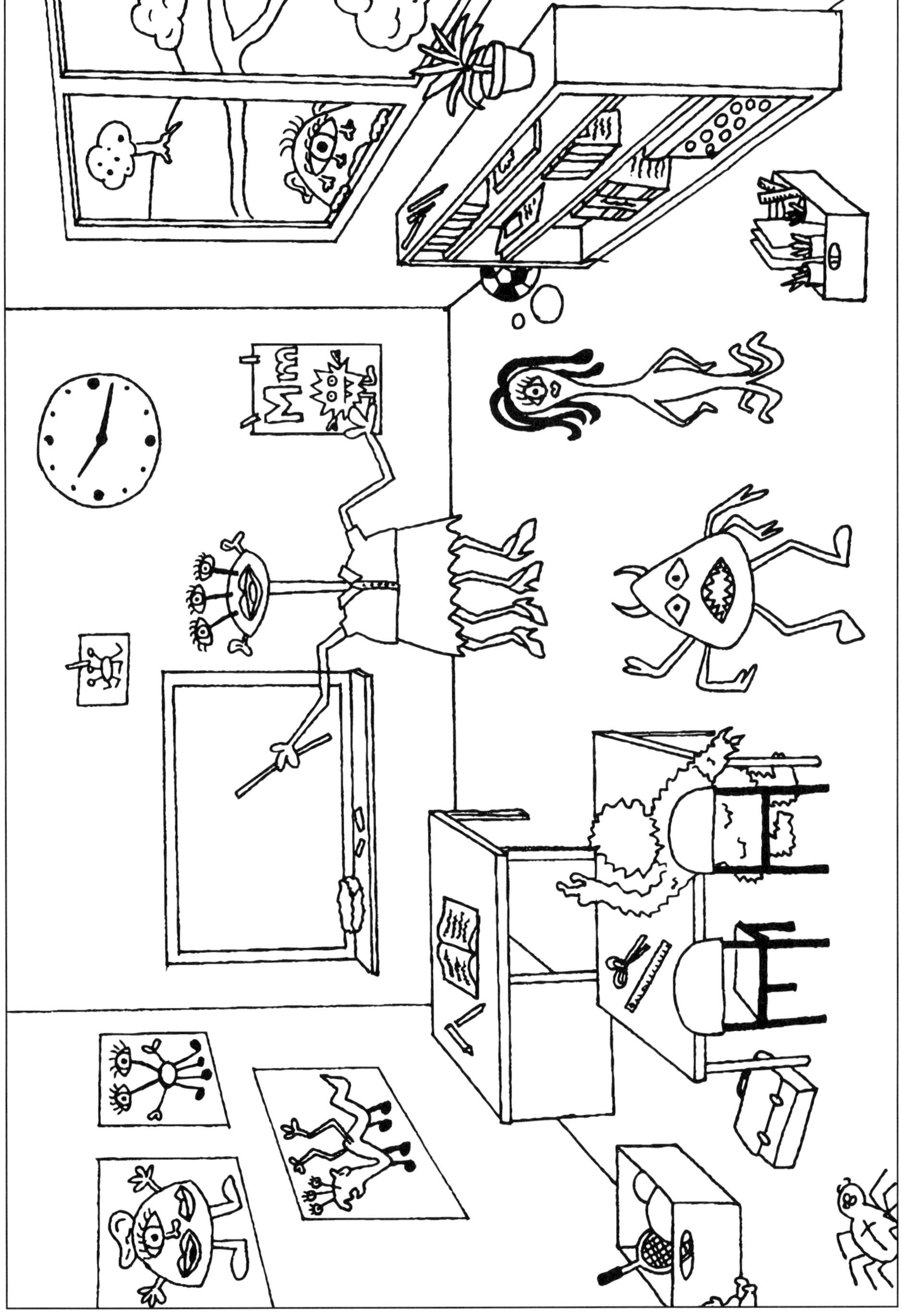

Aufgaben-Icon: © jesadaphorn – Fotolia.com; Wimmelbild: Anna Hoffacker

© Verlag an der Ruhr | Autorin: Anna Hoffacker | ISBN 978-3-8346-3114-5 | www.verlagruhr.de

Der Körper – Interviewbogen

Erläuterungen zum Arbeitsblatt siehe Seite 5

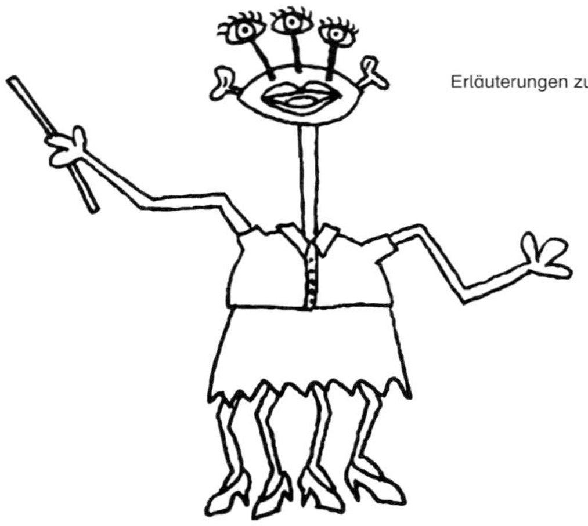

Name: ....

Interviewbogen Verrückte Monster

Welche Körperteile hat das Monster? Schreibe in die Tabelle.

Das Monster hat …

Name	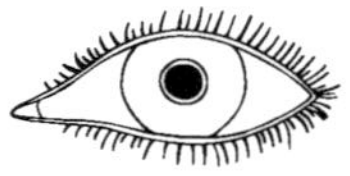			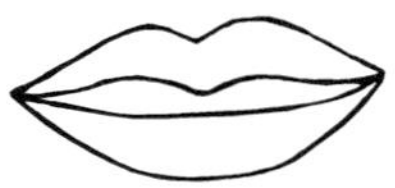	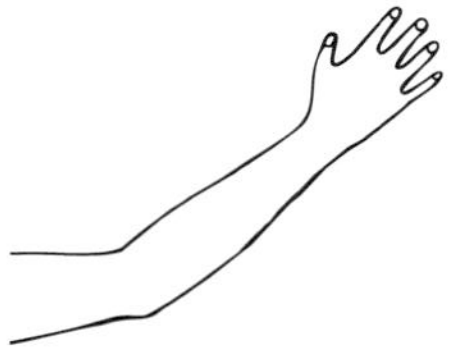		

Aufgaben-Icon: © jesadaphorn – Fotolia.com; Monster: Anna Hoffacker; alle anderen Abb.: Anja Boretzki
© Verlag an der Ruhr | Autorin: Anna Hoffacker | ISBN 978-3-8346-3114-5 | www.verlagruhr.de

Der Körper – Suchsel

Finde die versteckten Wörter und markiere sie. 

E	S	H	O	J	U	Q	L	W	W	A	Q
V	K	F	O	E	W	F	J	N	H	K	J
W	O	V	W	B	A	U	C	H	L	R	O
O	P	X	W	Y	O	T	F	I	J	G	Q
K	F	J	Y	M	P	P	Y	B	E	I	N
A	Y	R	P	Z	E	H	S	K	X	T	G
E	R	H	X	U	F	O	I	P	O	P	O
F	I	N	G	E	R	K	F	P	V	R	G
B	R	M	I	W	D	G	V	H	C	G	H
T	F	G	R	Ü	C	K	E	N	I	C	A
V	X	L	G	R	L	M	H	S	T	N	N
F	u	ß	U	O	L	A	R	M	U	K	D

1. FINGER
2. RÜCKEN
3. BAUCH
4. POPO
5. BEIN
6. HAND
7. KOPF
8. ZEH
9. ARM
10. Fuß

Aufgaben-Icon: © jesadaphorn – Fotolia.com

© Verlag an der Ruhr | Autorin: Anna Hoffacker | ISBN 978-3-8346-3114-5 | www.verlagruhr.de

Der Körper – Abschreibtext

1. **Lies den Text.** 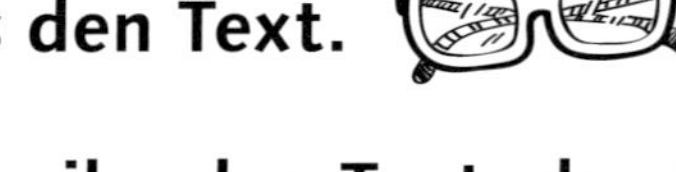
2. **Schreibe den Text ab.** 
3. **Übe Lesen.** 

Ich male ein Monster.
Mein Monster hat einen Kopf.
Es hat einen Bauch.
Es hat drei Beine.
Es hat zwei Arme und vier Hände.

Aufgaben-Icons: © jesadaphorn; Sterne: © Visual Concepts – alle Fotolia.com

© Verlag an der Ruhr | Autorin: Anna Hoffacker | ISBN 978-3-8346-3114-5 | www.verlagruhr.de

Der Körper – Abschreibtext

1. Lies den Text.  

2. Schreibe den Text ab.

3. Übe Lesen. 

In der Schule malen wir Monster.
Alle Kinder malen mit Kreide.
Nuris Monster hat zwei Köpfe.
Tim und Alia malen viele Beine.
Einige Monster haben keine Ohren.
Ein anderes Monster hat einen Hund.
Sara malt das Monster in vielen Farben.
Alle Bilder werden aufgehängt.

Aufgaben-Icons: © jesadaphorn; Sterne: © Visual Concepts – alle Fotolia.com

© Verlag an der Ruhr | Autorin: Anna Hoffacker | ISBN 978-3-8346-3114-5 | www.verlagruhr.de

Der Körper – Abschreibtext

1. Lies den Text.  

2. Schreibe den Text ab.

3. Übe Lesen. 

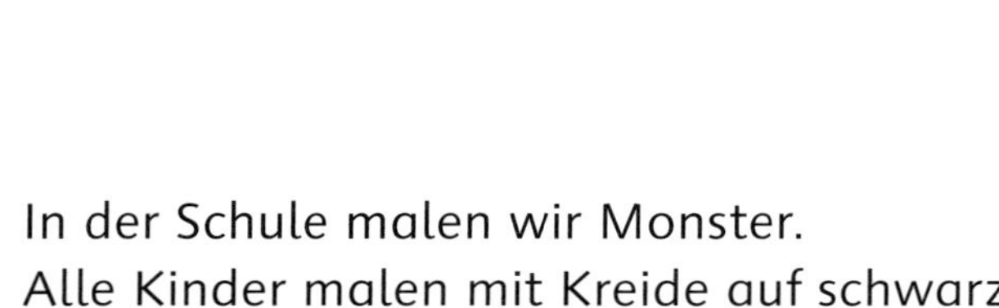

In der Schule malen wir Monster.
Alle Kinder malen mit Kreide auf schwarzes Papier. Nuris Monster hat zwei Köpfe.
Tim und Alia malen viele Beine und Arme. Einige Monster haben keine Ohren, aber viele Augen. Ein anderes Monster hat einen Hund dabei. Sara malt das Monster in vielen Farben. Die Monster haben meistens große Zähne. Alle Bilder werden in der Klasse aufgehängt.

Aufgaben-Icons: © jesadaphorn; Sterne: © Visual Concepts – alle Fotolia.com

© Verlag an der Ruhr | Autorin: Anna Hoffacker | ISBN 978-3-8346-3114-5 | www.verlagruhr.de

Der Kopf – Bild-Wortkarten

Sieh dir die Bilder und die dazugehörigen Wörter an. 

das Auge	die Augenbraue	das Haar	der Hals
das Kinn	der Mund	die Nase	das Ohr
die Stirn	die Wange	....	....

Aufgaben-Icon: © jesadaphorn – Fotolia.com; alle anderen Abb.: Anja Boretzki

© Verlag an der Ruhr | Autorin: Anna Hoffacker | ISBN 978-3-8346-3114-5 | www.verlagruhr.de

Der Kopf – Ausfüll-Bildkarten

Schreibe die richtigen Wörter auf die Linien.

Aufgaben-Icon: © jesadaphorn – Fotolia.com; alle anderen Abb.: Anja Boretzki

© Verlag an der Ruhr | Autorin: Anna Hoffacker | ISBN 978-3-8346-3114-5 | www.verlagruhr.de

Der Kopf – Verbinden

Verbinde die Bilder mit den Wörtern.

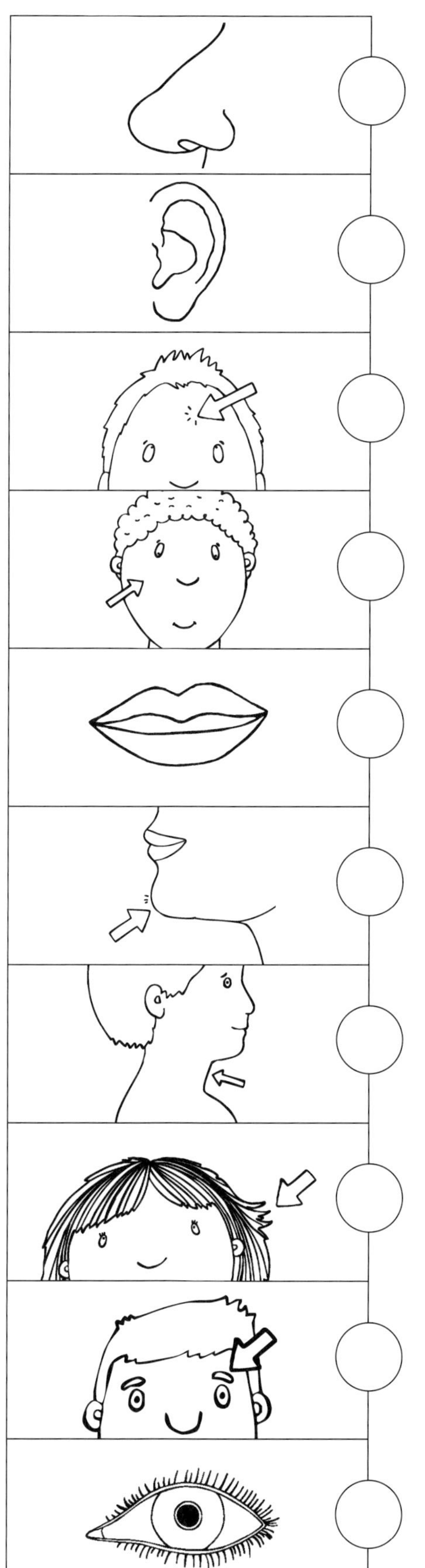

- das Auge
- die Augenbraue
- das Haar
- der Hals
- der Mund
- die Nase
- die Stirn
- die Wange
- das Ohr
- das Kinn

Der Kopf – Wörter schreiben

Schreibe die richtigen Wörter neben die Bilder.

Aufgaben-Icon: © jesadaphorn – Fotolia.com; alle anderen Abb.: Anja Boretzki

© Verlag an der Ruhr | Autorin: Anna Hoffacker | ISBN 978-3-8346-3114-5 | www.verlagruhr.de

Der Kopf – Sätze schreiben

Schreibe die richtigen Sätze neben die Bilder. 

Das ist die Nase.

Das ist

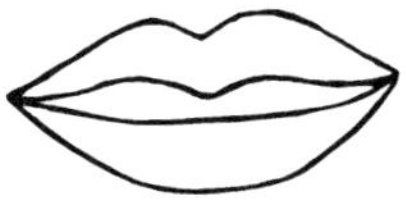

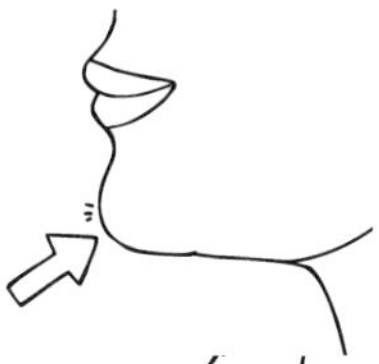

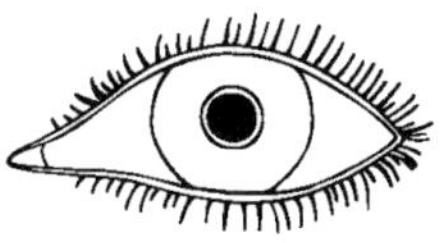

Der Kopf – Artikel

Schneide die Bilder aus und lege sie vor die richtige Kiste. 

Abb.: Anja Boretzki | Abb.: Anja Boretzki | Abb.: Anja Boretzki

Abb.: Anja Boretzki

Abb.: Anja Boretzki

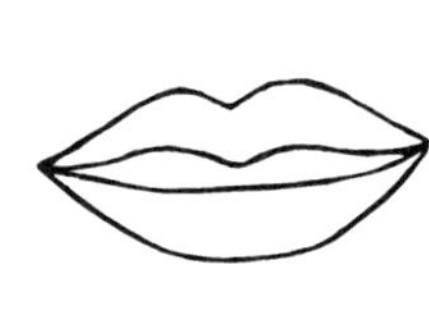

Abb.: Anja Boretzki

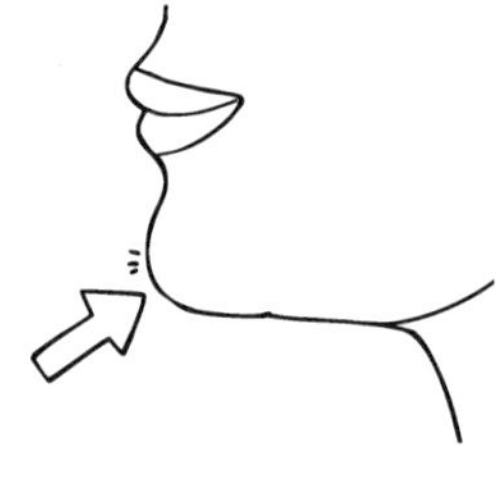

Abb.: Anja Boretzki

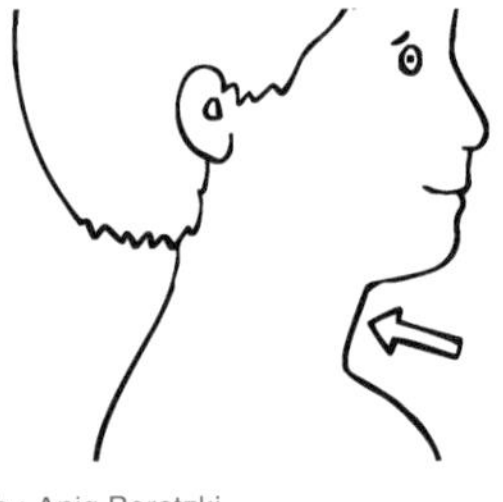

Abb.: Anja Boretzki

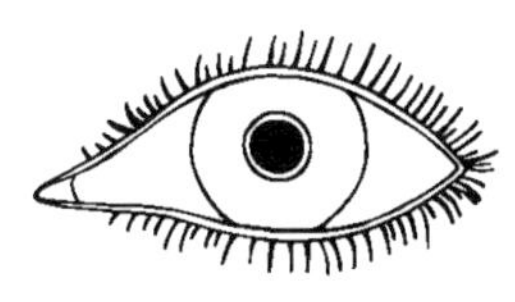

Abb.: Anja Boretzki

Abb.: Anja Boretzki

Abb.: Anja Boretzki

Abb.: Anja Boretzki

Abb.: Anja Boretzki

Aufgaben-Icon: © jesadaphorn – Fotolia.com; alle anderen Abb.: Anja Boretzki

© Verlag an der Ruhr | Autorin: Anna Hoffacker | ISBN 978-3-8346-3114-5 | www.verlagruhr.de

Der Kopf – Artikel verbinden

Verbinde die Artikel mit den richtigen Bildern.

der

die

das

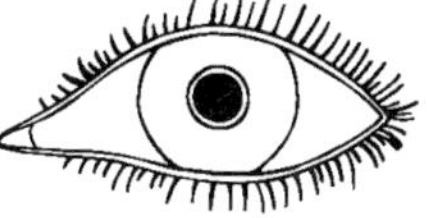

Aufgaben-Icon: © jesadaphorn – Fotolia.com; alle anderen Abb.: Anja Boretzki

© Verlag an der Ruhr | Autorin: Anna Hoffacker | ISBN 978-3-8346-3114-5 | www.verlagruhr.de

Der Kopf – Einzahl, Mehrzahl

1. Schreibe *der, die* oder *das.*

2. Schreibe in dein Heft *(die Nase – die Nasen ...).*

.... Nase 

.... Nasen 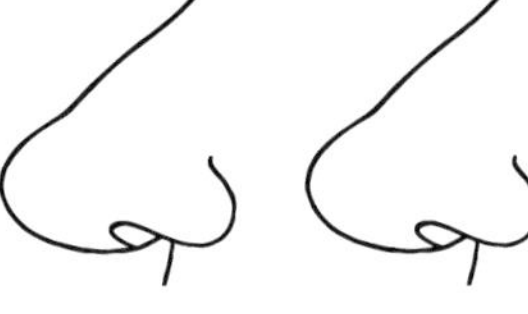

.... Auge 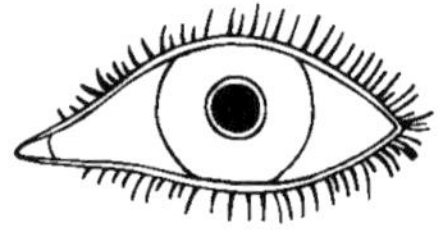

.... Augen 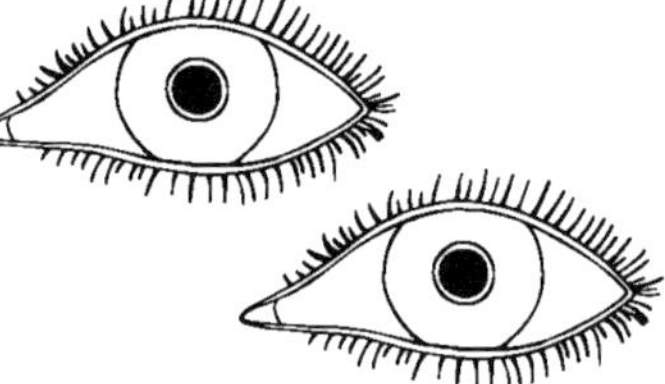

.... Ohr 

.... Ohren  

.... Haar 

.... Haare 

.... Mund 

.... Münder 

.... Wange 

.... Wangen 

Aufgaben-Icon: © jesadaphorn – Fotolia.com; alle anderen Abb.: Anja Boretzki

© Verlag an der Ruhr | Autorin: Anna Hoffacker | ISBN 978-3-8346-3114-5 | www.verlagruhr.de

Der Kopf – Suchsel

Finde die versteckten Wörter und markiere sie. 

N	V	H	K	Q	X	F	J	H	A	A	R
F	V	A	N	R	J	M	D	P	Y	V	B
V	H	L	O	Y	M	U	N	D	K	H	X
F	J	S	E	W	G	X	D	X	S	M	Q
J	O	N	L	S	T	I	R	N	M	D	V
Y	F	Q	K	L	C	M	C	S	V	I	K
K	I	N	N	G	Z	W	A	N	G	E	W
E	H	Q	E	J	P	R	W	W	U	E	F
X	A	U	G	E	N	B	R	A	U	E	L
G	Q	L	N	R	E	W	S	B	R	C	Z
K	O	P	F	G	P	A	U	G	E	F	T
E	K	C	H	Y	I	R	D	E	L	R	X
N	A	S	E	K	G	I	N	D	O	H	R

1. AUGENBRAUE
2. STIRN
3. WANGE
4. HAAR
5. AUGE
6. NASE
7. MUND
8. KINN
9. HALS
10. KOPF
11. OHR

Aufgaben-Icon: © jesadaphorn – Fotolia.com
© Verlag an der Ruhr | Autorin: Anna Hoffacker | ISBN 978-3-8346-3114-5 | www.verlagruhr.de

Verben 1 – Bild-Wortkarten

Sieh dir die Bilder und die dazugehörigen Wörter an. 

die Haare waschen	die Zähne putzen	die Ohren waschen	die Hände waschen

das Gesicht waschen	den Hals waschen	die Füße waschen	die Haare kämmen

die Nase putzen	die Fingernägel schneiden	die Haare föhnen	den Popo waschen

Aufgaben-Icon: © jesadaphorn – Fotolia.com; alle anderen Abb.: Anja Boretzki
© Verlag an der Ruhr | Autorin: Anna Hoffacker | ISBN 978-3-8346-3114-5 | www.verlagruhr.de

Verben 1 – Ausfüll-Bildkarten

Schreibe die richtigen Wörter auf die Linien.

Aufgaben-Icon: © jesadaphorn – Fotolia.com; alle anderen Abb.: Anja Boretzki

© Verlag an der Ruhr | Autorin: Anna Hoffacker | ISBN 978-3-8346-3114-5 | www.verlagruhr.de

Verben 1 – Verbinden

Verbinde die Bilder mit den Wörtern.

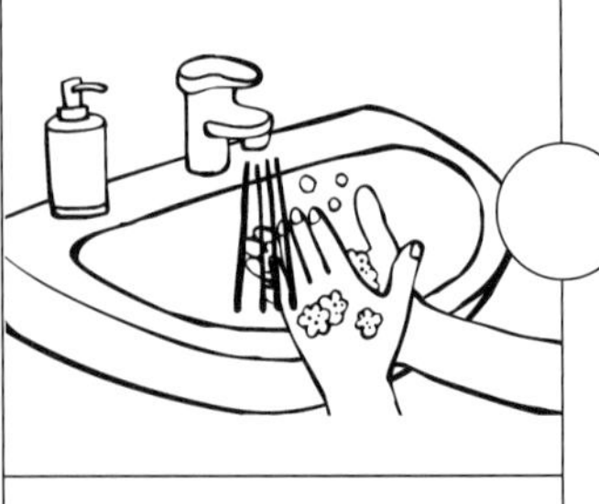

- das Gesicht waschen
- die Ohren waschen
- die Haare waschen
- den Hals waschen
- die Zähne putzen
- die Hände waschen
- die Nase putzen
- die Haare kämmen
- die Füße waschen
- die Haare föhnen
- die Fingernägel schneiden
- den Popo waschen

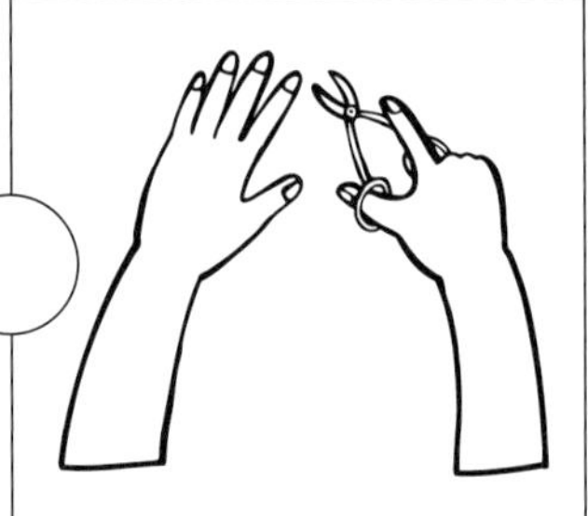

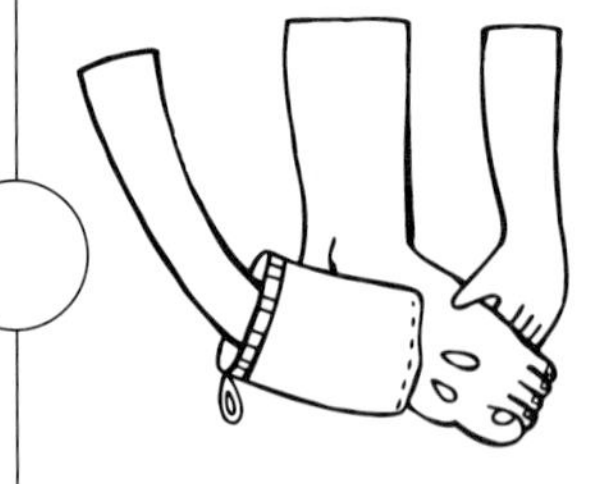

Aufgaben-Icon: © jesadaphorn – Fotolia.com; alle anderen Abb.: Anja Boretzki

© Verlag an der Ruhr | Autorin: Anna Hoffacker | ISBN 978-3-8346-3114-5 | www.verlagruhr.de

Verben 1 – Wörter schreiben

Schreibe die richtigen Wörter neben die Bilder.

Aufgaben-Icon: © jesadaphorn – Fotolia.com; alle anderen Abb.: Anja Boretzki

© Verlag an der Ruhr | Autorin: Anna Hoffacker | ISBN 978-3-8346-3114-5 | www.verlagruhr.de

Verben 1 – Bilder kleben 1

1. Schneide die Bilder aus.

2. Klebe sie neben die Sätze.

3. Schreibe dann die Sätze ins Heft.

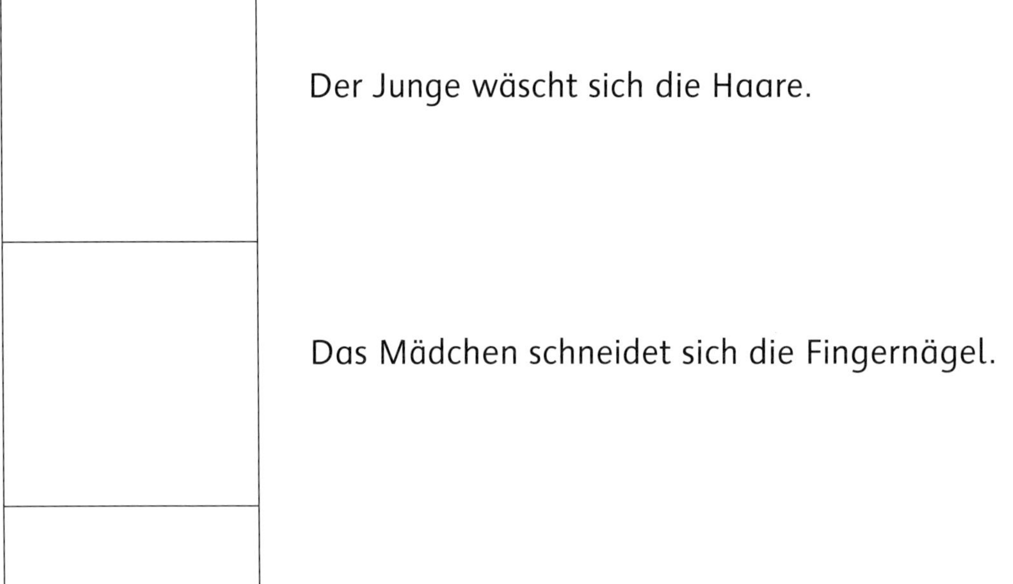

Der Junge wäscht sich die Haare.

Das Mädchen schneidet sich die Fingernägel.

Das Mädchen föhnt sich die Haare.

Der Junge putzt sich die Zähne.

Das Mädchen putzt sich die Nase.

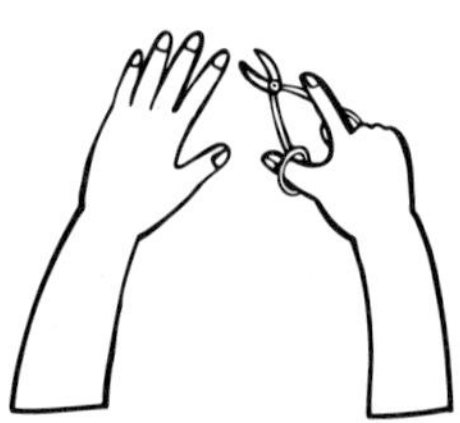

Aufgaben-Icons: © jesadaphorn – Fotolia.com

© Verlag an der Ruhr | Autorin: Anna Hoffacker | ISBN 978-3-8346-3114-5 | www.verlagruhr.de

Verben 1 – Bilder kleben 2

1. Schneide die Bilder aus.

2. Klebe sie neben die Sätze.

3. Schreibe dann die Sätze ins Heft.

Das Mädchen kämmt sich die Haare.

Der Junge wäscht sich die Füße.

Das Mädchen wäscht sich den Hals.

Der Junge wäscht sich das Gesicht.

Das Mädchen wäscht sich die Hände.

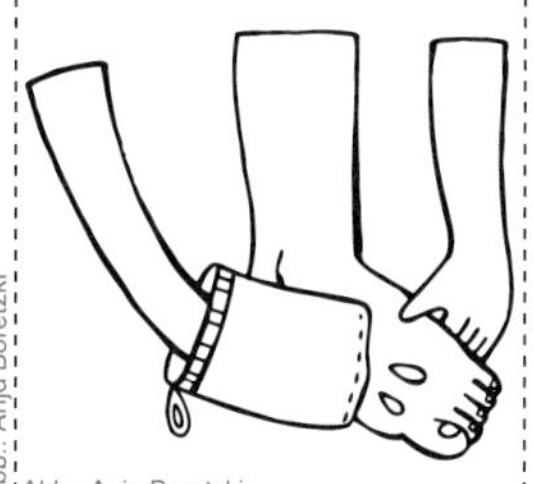

Aufgaben-Icons: © jesadaphorn – Fotolia.com

© Verlag an der Ruhr | Autorin: Anna Hoffacker | ISBN 978-3-8346-3114-5 | www.verlagruhr.de

Verben 1 – Satz-Bild-Zuordnung 1

Schreibe die richtigen Sätze neben die Bilder.

Das Mädchen schneidet sich die Fingernägel.
Das Mädchen putzt sich die Nase.
Der Junge wäscht sich die Haare.
Das Mädchen föhnt sich die Haare.
Der Junge putzt sich die Zähne.

Aufgaben-Icon: © jesadaphorn – Fotolia.com; alle anderen Abb.: Anja Boretzki
© Verlag an der Ruhr | Autorin: Anna Hoffacker | ISBN 978-3-8346-3114-5 | www.verlagruhr.de

Verben 1 – Satz-Bild-Zuordnung 2

Schreibe die richtigen Sätze neben die Bilder.

Das Mädchen wäscht sich die Hände.
Das Mädchen kämmt sich die Haare.
Der Junge wäscht sich die Füße.
Das Mädchen wäscht sich den Hals.
Der Junge wäscht sich das Gesicht.

Aufgaben-Icon: © jesadaphorn – Fotolia.com; alle anderen Abb.: Anja Boretzki

© Verlag an der Ruhr | Autorin: Anna Hoffacker | ISBN 978-3-8346-3114-5 | www.verlagruhr.de

Verben 1 – Satz-Bild-Zuordnung 3

Schreibe die richtigen Sätze neben die Bilder.

Der Junge Das Mädchen	+	~~kämmt sich die Haare.~~ wäscht sich die Füße. putzt sich die Zähne. föhnt sich die Haare. schneidet sich die Fingernägel. putzt sich die Nase.

Das Mädchen kämmt sich die Haare.

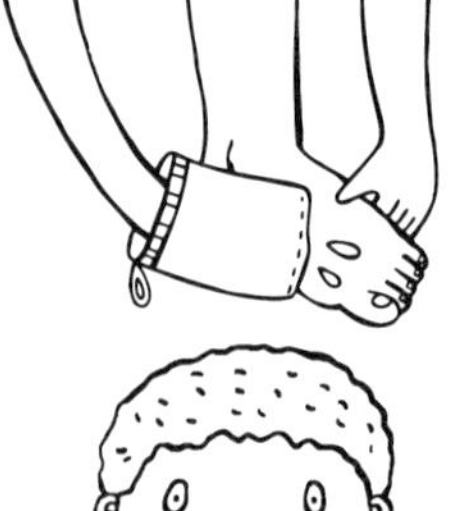

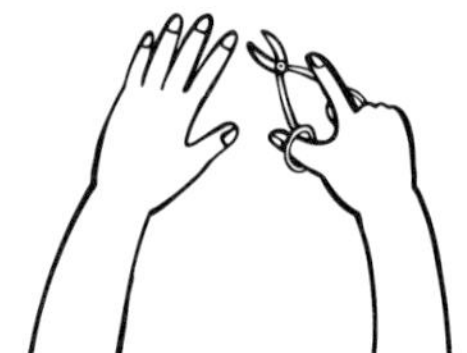

Aufgaben-Icon: © jesadaphorn – Fotolia.com; alle anderen Abb.: Anja Boretzki

© Verlag an der Ruhr | Autorin: Anna Hoffacker | ISBN 978-3-8346-3114-5 | www.verlagruhr.de

Verben 1 – Lücken füllen

1. Schreibe die richtigen Wörter in die Lücken.

Haare, Füße, Zähne, Haare, Fingernägel, Nase

Das Mädchen kämmt sich die ....

Der Junge wäscht sich die ....

Das Mädchen putzt sich die ....

Das Mädchen föhnt sich die ....

Das Mädchen schneidet sich die ....

Der Junge putzt sich die ....

2. Schreibe die Sätze ab.

Das Mädchen kämmt sich die Haare.

....

....

....

....

....

....

....

Aufgaben-Icons: © jesadaphorn – Fotolia.com

© Verlag an der Ruhr | Autorin: Anna Hoffacker | ISBN 978-3-8346-3114-5 | www.verlagruhr.de

Verben 1 – Unterstreichen und schreiben

1. Unterstreiche Verben rot, Nomen blau.

die Haare	die Nase	die Finger	putzen	waschen
die Zähne	kämmen	die Hand	das Ohr	das Gesicht
föhnen	schneiden	die Fingernägel		

2. Schreibe die Wörter in die Tabelle.

Nomen	Verben
die Nase	

Aufgaben-Icons: © jesadaphorn – Fotolia.com
© Verlag an der Ruhr | Autorin: Anna Hoffacker | ISBN 978-3-8346-3114-5 | www.verlagruhr.de

Verben 1 – Abschreibtext

1. Lies den Text.  

2. Schreibe den Text ab.

3. Übe Lesen. 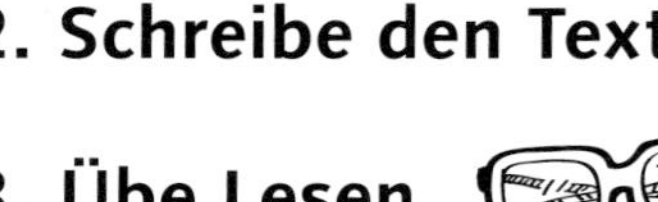

Morgens stehe ich auf.
Ich esse ein Butterbrot.
Ich putze meine Zähne.
Ich wasche mein Gesicht.
Ich kämme meine Haare.
Dann gehe ich zur Schule.

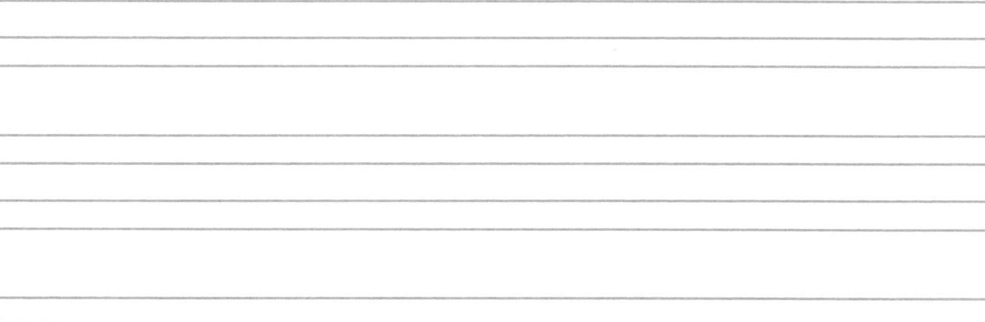

Aufgaben-Icons: © jesadaphorn; Sterne: © Visual Concepts – alle Fotolia.com

© Verlag an der Ruhr | Autorin: Anna Hoffacker | ISBN 978-3-8346-3114-5 | www.verlagruhr.de

Verben 1 – Abschreibtext

1. **Lies den Text.** 
2. **Schreibe den Text ab.** 
3. **Übe Lesen.** 

Morgens stehe ich auf.
Zuerst ziehe ich meine Hose und mein T-Shirt an.
Danach esse ich ein Butterbrot.
Dann putze ich meine Zähne.
Ich wasche mein Gesicht.
Ich wasche meinen Hals und meine Ohren.
Dann kämme ich meine Haare.
Ich ziehe meine Schuhe an und nehme
meinen Schultornister.
Dann gehe ich zur Schule.

Aufgaben-Icons: © jesadaphorn; Sterne: © Visual Concepts – alle Fotolia.com

© Verlag an der Ruhr | Autorin: Anna Hoffacker | ISBN 978-3-8346-3114-5 | www.verlagruhr.de

Verben 1 – Abschreibtext

1. Lies den Text.  

2. Schreibe den Text ab. 

3. Übe Lesen. 

Morgens stehe ich auf. Zuerst ziehe ich
meine Hose, meine Socken und mein T-Shirt an.
Danach esse ich ein Butterbrot mit Käse und
Tomaten. Dann putze ich meine Zähne mit
der Zahnbürste. Ich wasche mein Gesicht.
Ich wasche meinen Hals und meine Ohren.
Dann kämme ich meine Haare. Ich ziehe
meine roten Schuhe und meine grüne Jacke
an und nehme meinen neuen Schultornister.
Dann gehe ich zur Schule.

Aufgaben-Icons: © jesadaphorn; Sterne: © Visual Concepts – alle Fotolia.com

© Verlag an der Ruhr | Autorin: Anna Hoffacker | ISBN 978-3-8346-3114-5 | www.verlagruhr.de

Verben 2 – Bild-Wortkarten

Sieh dir die Bilder und die dazugehörigen Wörter an. 

pusten	hören	sehen	küssen

weinen	kauen	beißen	kratzen

kitzeln	pfeifen	klatschen	kneten

Aufgaben-Icon: © jesadaphorn – Fotolia.com; alle anderen Abb.: Anja Boretzki

© Verlag an der Ruhr | Autorin: Anna Hoffacker | ISBN 978-3-8346-3114-5 | www.verlagruhr.de

Verben 2 – Ausfüll-Bildkarten

Schreibe die richtigen Wörter auf die Linien.

Verben 2 – Verbinden

Verbinde die Bilder mit den Wörtern.

- küssen
- sehen
- weinen
- pusten
- hören
- beißen
- kratzen
- kauen
- pfeifen
- kneten
- klatschen
- kitzeln

Aufgaben-Icon: © jesadaphorn – Fotolia.com; alle anderen Abb.: Anja Boretzki

© Verlag an der Ruhr | Autorin: Anna Hoffacker | ISBN 978-3-8346-3114-5 | www.verlagruhr.de

Verben 2 – Wörter schreiben

Schreibe die richtigen Wörter neben die Bilder.

Aufgaben-Icon: © jesadaphorn – Fotolia.com; alle anderen Abb.: Anja Boretzki

© Verlag an der Ruhr | Autorin: Anna Hoffacker | ISBN 978-3-8346-3114-5 | www.verlagruhr.de

Verben 2 – Bilder kleben 1

1. Schneide die Bilder aus.

2. Klebe sie neben die Sätze.

3. Schreibe dann die Sätze ins Heft.

Das Mädchen pustet.

Der Junge pfeift.

Das Mädchen küsst.

Das Mädchen weint.

Der Junge beißt.

Aufgaben-Icons: © jesadaphorn – Fotolia.com
© Verlag an der Ruhr | Autorin: Anna Hoffacker | ISBN 978-3-8346-3114-5 | www.verlagruhr.de

Verben 2 – Bilder kleben 2

1. Schneide die Bilder aus.
2. Klebe sie neben die Sätze.
3. Schreibe dann die Sätze ins Heft.

	Das Mädchen kaut.
	Der Junge kratzt.
	Der Junge klatscht.
	Die Frau kitzelt.
	Das Mädchen sieht.

Abb.: Anja Boretzki

Abb.: Anja Boretzki

Abb.: Anja Boretzki

Abb.: Anja Boretzki

Abb.: Anja Boretzki

Aufgaben-Icons: © jesadaphorn – Fotolia.com

© Verlag an der Ruhr | Autorin: Anna Hoffacker | ISBN 978-3-8346-3114-5 | www.verlagruhr.de

Verben 2 – Satz-Bild-Zuordnung 1

Schreibe die richtigen Sätze neben die Bilder.

Der Junge beißt in das Brot.

Das Mädchen küsst einen Freund.

Das Mädchen sieht ein Bild.

Das Mädchen pustet.

Das Mädchen weint.

Aufgaben-Icon: © jesadaphorn – Fotolia.com; alle anderen Abb.: Anja Boretzki

© Verlag an der Ruhr | Autorin: Anna Hoffacker | ISBN 978-3-8346-3114-5 | www.verlagruhr.de

Verben 2 – Satz-Bild-Zuordnung 2

Schreibe die richtigen Sätze neben die Bilder.

Die Frau kitzelt das Kind.
Der Junge kratzt sich am Arm.
Das Mädchen kaut.
Der Junge pfeift.
Der Junge klatscht.

Aufgaben-Icon: © jesadaphorn – Fotolia.com; alle anderen Abb.: Anja Boretzki
© Verlag an der Ruhr | Autorin: Anna Hoffacker | ISBN 978-3-8346-3114-5 | www.verlagruhr.de

Verben 2 – Satz-Bild-Zuordnung 3

Schreibe die richtigen Sätze neben die Bilder.

Der Junge		kaut.
Das Mädchen	+	pfeift.
Die Frau		kitzelt das Kind.
		kratzt sich am Arm.
		klatscht.

Der Junge ……………………………………………………………………

……………………………………………………………………

……………………………………………………………………

……………………………………………………………………

……………………………………………………………………

Aufgaben-Icon: © jesadaphorn – Fotolia.com; alle anderen Abb.: Anja Boretzki

© Verlag an der Ruhr | Autorin: Anna Hoffacker | ISBN 978-3-8346-3114-5 | www.verlagruhr.de

Verben 2 – Satz-Bild-Zuordnung 4

Schreibe die richtigen Sätze neben die Bilder.

Der Junge
Das Mädchen

\+

beißt in das Butterbrot.
sieht ein Bild.
küsst einen Freund.
weint.
pustet.

Aufgaben-Icon: © jesadaphorn – Fotolia.com; alle anderen Abb.: Anja Boretzki

© Verlag an der Ruhr | Autorin: Anna Hoffacker | ISBN 978-3-8346-3114-5 | www.verlagruhr.de

Verben 2 – Lücken füllen

1. Schreibe die richtigen Wörter in die Lücken.

Butterbrot, Freund, weint, Butterbrot, Arm, kitzelt

Der Junge beißt in das ....

Das Mädchen küsst einen ....

Das Mädchen ist traurig. Es ....

Das Mädchen kaut das ....

Der Junge kratzt sich am ....

Die Frau .... das Kind.

2. Schreibe die Sätze ab.

Der Junge beißt in das Butterbrot.

Aufgaben-Icons: © jesadaphorn – Fotolia.com

© Verlag an der Ruhr | Autorin: Anna Hoffacker | ISBN 978-3-8346-3114-5 | www.verlagruhr.de

Verben 2 – Unterstreichen und schreiben

1. Unterstreiche Verben rot, Nomen blau.

der Kopf der Freund die Freundin pusten kitzeln

die Zähne weinen beißen der Mund die Augen

sehen kratzen das Butterbrot

2. Schreibe die Wörter in die Tabelle.

Nomen	Verben
der Freund	

Aufgaben-Icons: © jesadaphorn – Fotolia.com

© Verlag an der Ruhr | Autorin: Anna Hoffacker | ISBN 978-3-8346-3114-5 | www.verlagruhr.de

Die Zahnbürste ist weg – Geschichte

Abb.: Anja Boretzki

© Verlag an der Ruhr | Autorin: Anna Hoffacker | ISBN 978-3-8346-3114-5 | www.verlagruhr.de

Die Zahnbürste ist weg – Geschichte

1. Sara putzt die Nase.
2. Sie kämmt ihre Haare.
3. Sie will ihre Zähne putzen. Die Bürste ist weg!
4. Mama hilft. Adi hat sie geklaut.

Die Zahnbürste ist weg – Geschichte

1. Es ist früh am Morgen. Sara putzt ihre Nase.
2. Sie geht ins Bad. Dort kämmt sie ihre Haare.
3. Sara will sich die Zähne putzen. Doch wo ist die Zahnbürste? Sara muss sie suchen.
4. Mama hilft. Sie suchen überall. Da, Adi hat sie geklaut! Beide lachen. Mama holt eine neue Zahnbürste aus dem Schrank.

Sterne: © Visual Concepts – Fotolia.com; alle anderen Abb.: Anja Boretzki

© Verlag an der Ruhr | Autorin: Anna Hoffacker | ISBN 978-3-8346-3114-5 | www.verlagruhr.de

Die Zahnbürste ist weg – Geschichte

1. Es ist früh am Morgen. Sara putzt ihre Nase und zieht sich an. Gleich muss sie zur Schule gehen.
2. Sara geht ins Bad. Sie wäscht sich den Hals und das Gesicht und kämmt ihre Haare.
3. Jetzt will sie ihre Zähne putzen. Doch wo ist die Zahnbürste? Sara muss sie suchen. Sie kann sie einfach nicht finden.
4. Da kommt Mama helfen. Sie suchen überall. „Da!", ruft Mama. Adi hat sie geklaut. Mama und Sara lachen. Mama holt eine neue Zahnbürste aus dem Schrank. Jetzt kann Sara endlich ihre Zähne putzen.

Sterne: © Visual Concepts – Fotolia.com; alle anderen Abb.: Anja Boretzki
© Verlag an der Ruhr | Autorin: Anna Hoffacker | ISBN 978-3-8346-3114-5 | www.verlagruhr.de

Die Zahnbürste ist weg – Arbeitsblatt

1. Schneide die Bilder der Geschichte aus.

2. Klebe die Bilder in der richtigen Reihenfolge auf.

3. Schreibe die Geschichte ab.

Aufgaben-Icons: © jesadaphorn; Sterne: © Visual Concepts – alle Fotolia.com

© Verlag an der Ruhr | Autorin: Anna Hoffacker | ISBN 978-3-8346-3114-5 | www.verlagruhr.de

Die Zahnbürste ist weg – Arbeitsblatt

1. Schneide die Bilder der Geschichte aus.
2. Klebe die Bilder in der richtigen Reihenfolge auf.
3. Schreibe die Geschichte ab.

Aufgaben-Icons: © jesadaphorn; Sterne: © Visual Concepts – alle Fotolia.com

© Verlag an der Ruhr | Autorin: Anna Hoffacker | ISBN 978-3-8346-3114-5 | www.verlagruhr.de

Die Zahnbürste ist weg – Arbeitsblatt ★★★

1. **Schneide die Bilder der Geschichte aus.**
2. **Klebe die Bilder in der richtigen Reihenfolge auf.**
3. **Schreibe die Geschichte ab.**

Aufgaben-Icons: © jesadaphorn; Sterne: © Visual Concepts – alle Fotolia.com
© Verlag an der Ruhr | Autorin: Anna Hoffacker | ISBN 978-3-8346-3114-5 | www.verlagruhr.de

Reflexion 1:
Mein Körper – Das kann ich schon

Name: .... Datum: ....

1. Höre gut zu und nummeriere.

2. Verbinde.

das Ohr ◯

das Bein ◯

die Nase ◯

der Mund ◯

der Finger ◯

die Zähne putzen ◯

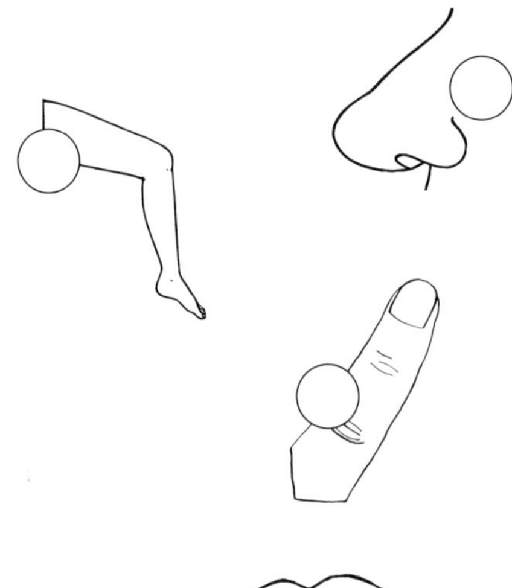

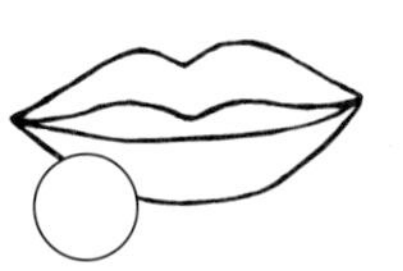

Aufgaben-Icon: © jesadaphorn – Fotolia.com; alle anderen Abb.: Anja Boretzki

© Verlag an der Ruhr | Autorin: Anna Hoffacker | ISBN 978-3-8346-3114-5 | www.verlagruhr.de

Reflexion 2:
Mein Körper – Das kann ich schon

3. *der, die* oder *das*? Schreibe.

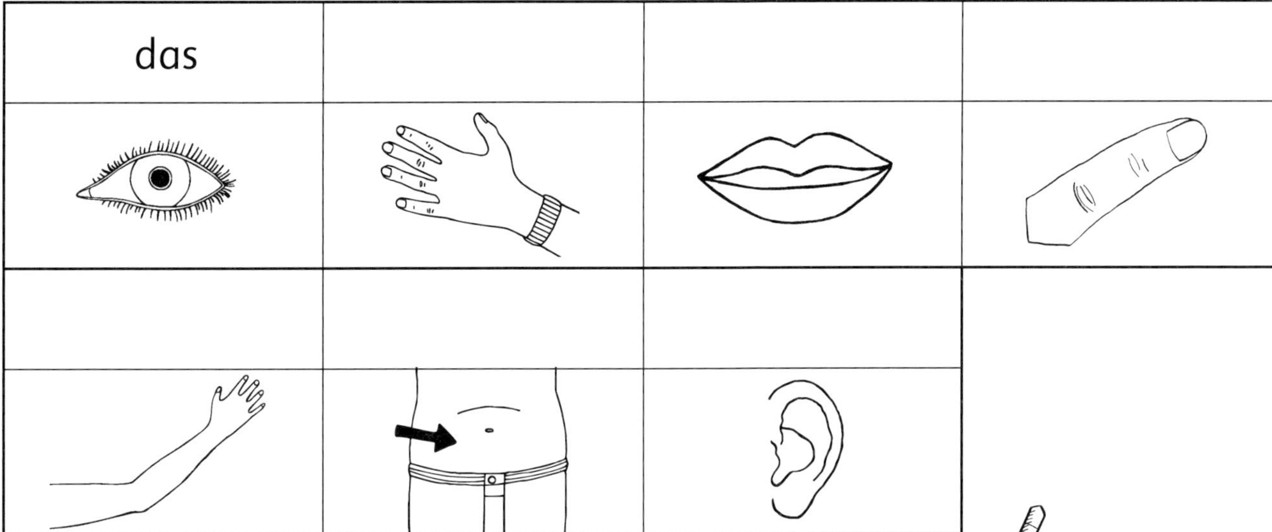

4. Schreibe die richtigen Wörter neben die Bilder.

waschen kämmen föhnen putzen

 ....

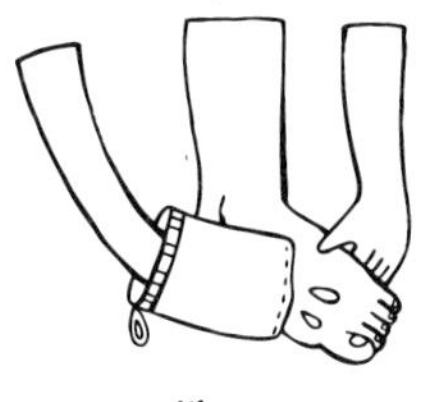 ....

 ....

 ....

5. Am besten gefallen hat mir:

Aufgaben-Icons: © jesadaphorn; Sterne: © Visual Concepts – alle Fotolia.com; alle anderen Abb.: Anja Boretzki

© Verlag an der Ruhr | Autorin: Anna Hoffacker | ISBN 978-3-8346-3114-5 | www.verlagruhr.de

Reflexion 2:
Mein Körper – Das kann ich schon

3. *der, die* oder *das*? Schreibe.

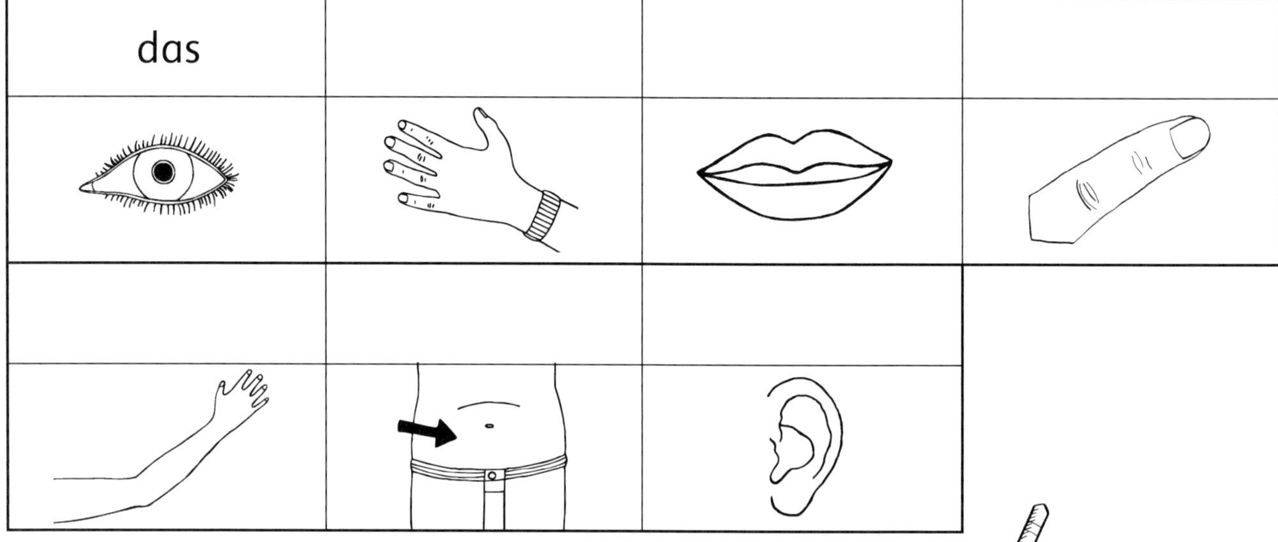

4. Schreibe die richtigen Wörter in die Lücken.

wäscht, kämmt, putzt, föhnt, putze, wasche

Der Junge .... seine Füße.

Das Mädchen .... ihre Haare.

Das Mädchen .... seine Nase.

Das Mädchen .... seine Haare.

Ich .... meine Zähne.

Ich .... meine Hände.

5. Am besten gefallen hat mir:

Aufgaben-Icons: © jesadaphorn; Sterne: © Visual Concepts – alle Fotolia.com; alle anderen Abb.: Anja Boretzki

© Verlag an der Ruhr | Autorin: Anna Hoffacker | ISBN 978-3-8346-3114-5 | www.verlagruhr.de

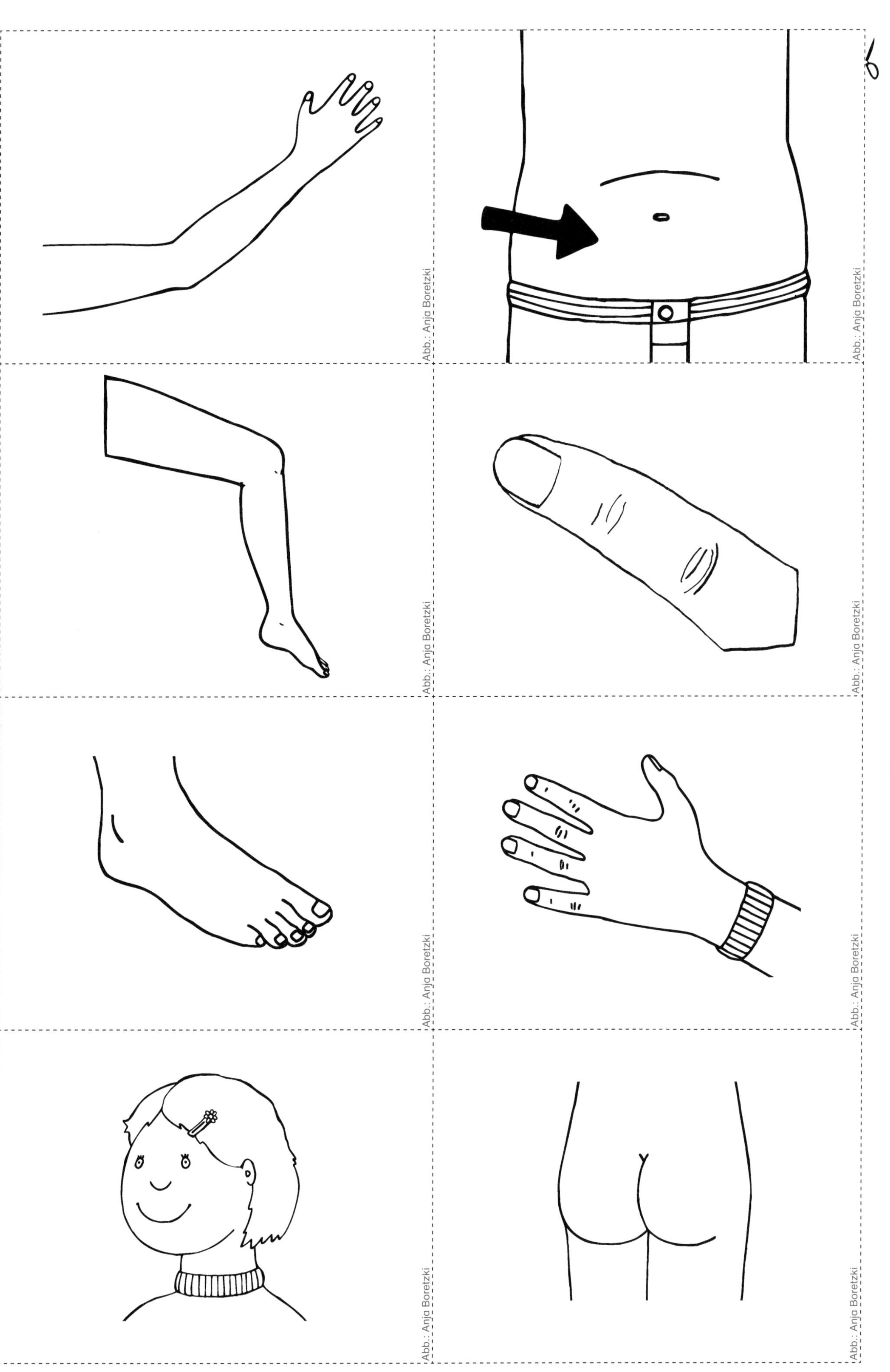
Abb.: Anja Boretzki
Abb.: Anja Boretzki
Abb.: Anja Boretzki
Abb.: Anja Boretzki
Abb.: Anja Boretzki
Abb.: Anja Boretzki
Abb.: Anja Boretzki
Abb.: Anja Boretzki

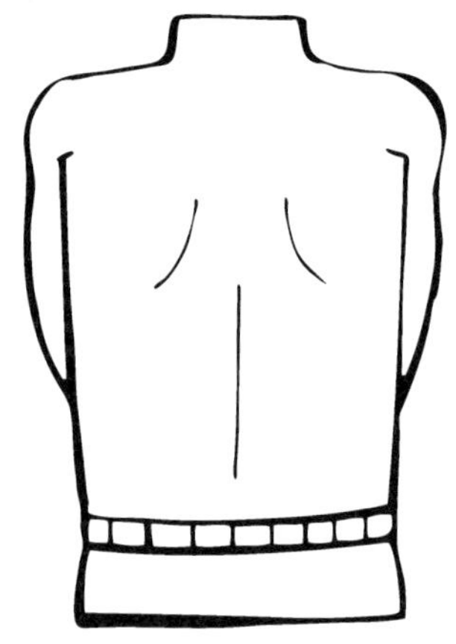

Abb.: Anja Boretzki

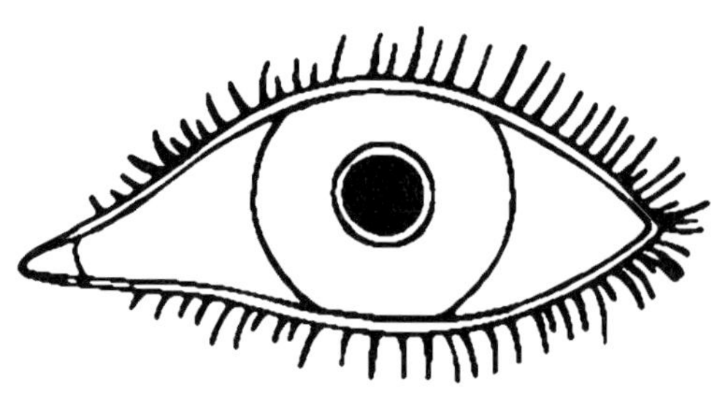

Abb.: Anja Boretzki

Abb.: Anja Boretzki

Abb.: Anja Boretzki

Abb.: Anja Boretzki

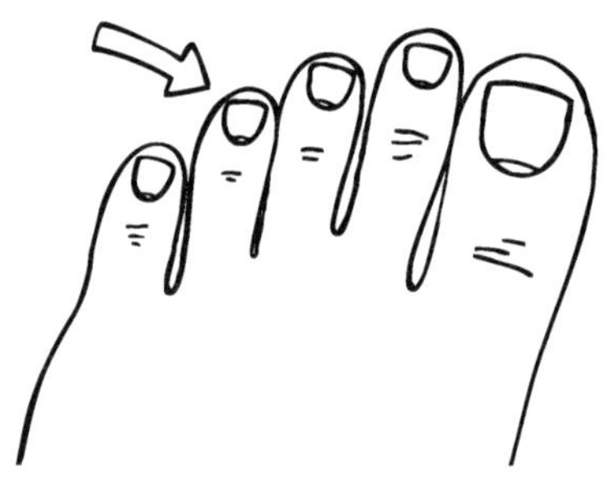

Abb.: Anja Boretzki

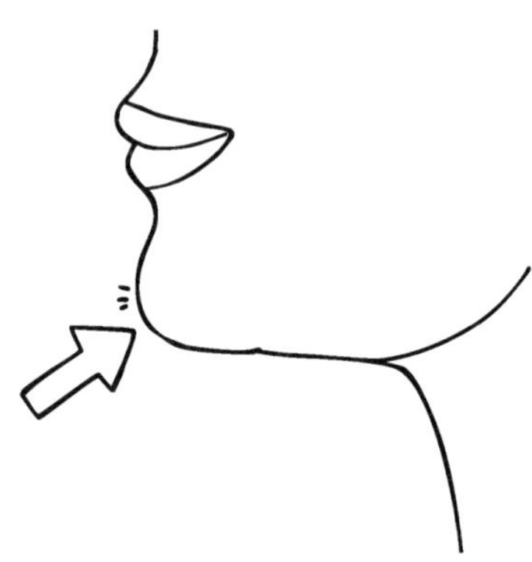

Abb.: Anja Boretzki

Abb.: Anja Boretzki

© Verlag an der Ruhr | Autorin: Anna Hoffacker | ISBN 978-3-8346-3114-5 | www.verlagruhr.de

© Verlag an der Ruhr | Autorin: Anna Hoffacker | ISBN 978-3-8346-3114-5 | www.verlagruhr.de

© Verlag an der Ruhr | Autorin: Anna Hoffacker | ISBN 978-3-8346-3114-5 | www.verlagruhr.de

© Verlag an der Ruhr | Autorin: Anna Hoffacker | ISBN 978-3-8346-3114-5 | www.verlagruhr.de

Abb.: Anja Boretzki

Abb.: Anja Boretzki

Abb.: Anja Boretzki

Abb.: Anja Boretzki

© Verlag an der Ruhr | Autorin: Anna Hoffacker | ISBN 978-3-8346-3114-5 | www.verlagruhr.de